Albert Förderer

Erinnerungen aus Rastatt 1849

Albert Förderer

Erinnerungen aus Rastatt 1849

ISBN/EAN: 9783743612242

Hergestellt in Europa, USA, Kanada, Australien, Japan

Cover: Foto ©ninafisch / pixelio.de

Manufactured and distributed by brebook publishing software (www.brebook.com)

Albert Förderer

Erinnerungen aus Rastatt 1849

Erinnerungen

aus

Rastatt 1849.

Von

Albert Förderer.

Lahr.
Verlag von Chr. Schömperlen.
1881.

Druck von Chr. Schömperlen in Lahr.

Inhalt.

Einleitung.

Die „Karlsruher Zeitung" vom 9. Januar 1881 brachte eine Mittheilung über eine Unterredung, welche der Literat Otto von Corbin im Jahre 1870 zu Versailles mit dem Fürsten Bismarck gehabt, in welcher Letzterer gesagt habe: „So sehen Sie, wie das Schicksal die Dinge fügt: dieselben Gesinnungen haben Sie in's Gefängniß geführt, und mich auf den Platz, auf welchem ich stehe". — „Dieselben Gesinnungen" sind hier die Bestrebungen für Deutschlands Einheit, welchen allerdings Otto v. Corbin im Jahre 1849 als Hauptbetheiligter beim badischen Aufstande einen anderen Ausbruck gab, als Otto v. Bismarck. Diese Mittheilung der „Karlsruher Zeitung" hat mir, der ich die Jahre 1848 und 1849 in Rastatt verlebte, die Vorgänge jener Zeit in der Bundesfestung Rastatt und die dabei maßgebenden Persönlichkeiten wieder so lebhaft vor die Seele geführt, daß ich die betreffenden Personen aus dem Gedächtnisse malen könnte, wenn diese edle Kunst mir eigen wäre. Zu diesen Unvergeßlichen gehört auch obgenannter Herr v. Corbin, den ich oft sah und auch einigemale reden hörte. Er mag damals etliche 30 Jahre gezählt haben, war ein mittelgroßer schmächtiger Mann mit intelligentem aber leidenschaftlichem blassen Gesichte und schwarzen Haaren. Er trug eine Phantasie-Uniform, dabei rothe Beinkleider. Er war Generalstabs-Chef des Gouverneurs Tiedemann und wohl dessen rechte Hand. Er hauptsächlich feuerte die Besatzung der belagerten Festung zu ausdauerndem Widerstande an, bis er sich plötzlich bekehrte, wodurch er sein Leben rettete und die Rastatter vor weiterem schweren Ungemach bewahrte.

Am 12. Januar brachte ein anderes badisches Blatt einen Artikel über die im Jahre 1849 in Rastatt standrechtlich Erschossenen, von denen gesagt wird, daß sie wie die Helden gestorben seien.

Diese beiden Zeitungs-Artikel haben in mir den Entschluß zur Reife gebracht, meine Erinnerungen aus jener denkwürdigen Zeit zu veröffentlichen, wozu ich befähigt zu sein glaube, weil ich, als damals einundzwanzigjähriger Student, mit offenem Auge und mit regstem Interesse die bunten Tageserscheinungen beobachtete. Ich hatte damals, wie man zu sagen pflegt, die Nase überall dabei. Da ich im Winter 1848—1849 eine schwere Krankheit durchgemacht hatte, wurde ich nicht zum Militärdienst beigezogen, der Unterricht am Lyzeum war unterbrochen, und so konnte ich Tag für Tag der edeln Bummelei mich hingeben. Viele meiner Mitschüler waren der Festungs-Artillerie eingereiht, wodurch ich, bei dem Mangel ernstlicher Disziplin und einheitlichen Kommandos, Zutritt in alle Festungswerke bekam.

Es sind zwar über die Vorkommnisse jener Zeit
mehrfach Aufzeichnungen veröffentlicht worden, zumeist
aber in Zeitschriften, die zerstreut und vergessen sind,
von denen mir wenigstens keine einzige zu Gebot steht;
auch Professor Fickler hat 1853 ein Büchlein darüber
herausgegeben, das aber meines Wissens über Rastatt
hinaus nicht weit verbreitet wurde und jetzt vergriffen
zu sein scheint. Dasselbe führt den Titel „In Rastatt
1849" und ist verlegt bei Hanemann in Rastatt. Mir
ist dasselbe erst vor Kurzem auf antiquarischem Wege
zur Kenntniß gekommen. Was ich nicht selbst beobachtete
oder auf anderem Wege erfuhr, werde ich nach Ficklers
schätzbarer Schrift mittheilen, die übrigens mit Uebergabe
der Festung abschließt. Die Kenner dieser Schrift wer=
den leicht beurtheilen können, wie weit ich selbstständig
gearbeitet habe, und meine Erinnerungen werden ihnen
vielleicht eine willkommene Ergänzung sein.

Ich glaube, es sei gut, das seither herangewachsene
Geschlecht mit den Vorkommnissen jener Zeit bekannt
zu machen, und auch den Aelteren wird es nicht unlieb
sein, wenn das selbst Erlebte im Gedächtnisse aufgefrischt
wird. Ein Jahr wie 1849 darf nicht der Vergessenheit
anheimfallen. Eine krampfhafte Bewegung, wie die bei
Geburtswehen, hatte damals das deutsche Volk ergriffen.
So wie bisher, das war die öffentliche Meinung, könne
es nicht weiter gehen. In Frankfurt a. M. tagte das
erste deutsche Parlament, in welchem endlose Reden über
die Grundrechte gehalten und eine deutsche Reichsverfas=
sung beschlossen wurden. Den „Entschiedenen" ging das

alles zu langſam, ſie ſahen auch wohl ein, daß mit einer
papierenen Reichsverfaſſung nicht gedient ſei, und beßhalb
verſuchten ſie, die große Zeitfrage praktiſch in Angriff
zu nehmen, indem ſie durch revolutionäre Bewegungen
den Großherzog von Baden nöthigten, das Land zu ver=
laſſen. Baden, das als Angrenzer Frankreichs den übri=
gen deutſchen Staaten immer um einige Pferdelängen
„voraus" war, wurde als Verſuchsſtation ausgewählt;
von hier aus ſollte die Lawine über ganz Deutſchland
ſich in Bewegung ſetzen. Aber der Grundſtock der La=
wine wurde in Baden durch preußiſchen Pulverdampf
zerſetzt und hat einen wüſten Niederſchlag zurückgelaſſen.
In Raſtatt hat die große Freiheitsbewegung ihren tra=
giſchen Abſchluß gefunden.

Vorläufer der Militärmeuterei.

Wenn Rastatt das Heerlager der damaligen Revolution, der Brennpunkt der Bewegung wurde, so waren daran meine Landsleute, die guten Rastatter, zum größten Theile unschuldig! Es gab und gibt heute noch kaum irgendwo eine zahmere, ruhigere und botmäßigere Bürgerschaft, als in Rastatt. Die Fehler wurden damals in den oberen Regionen gemacht. An den Mauern Rastatts hätte die Revolution abprallen, Rastatt hätte ein Bollwerk der Ordnung, eine Zuflucht für die von der Revolution Bedrängten werden sollen, aber das Gegentheil ist eingetreten. Bei der Verblendung und Unfähigkeit der damaligen Behörden war es der Revolutionspartei ein Leichtes, die Bande der Disziplin zu lockern und selbst eine Militärmeuterei herbei zu führen. Wenn ich jetzt klagen höre über die strenge militärische Disziplin, dann denke ich an das militärische Luderleben, das damals in Rastatt geführt wurde. Strenge Disziplin ist nothwendig, denn es gibt kaum etwas Greulicheres, als eine entfesselte Soldateska.

1

Strube hatte seinen 48er Putsch in einer Kasematte der Festung Rastatt zu verbüßen. Da derselbe Vegetarianer war, also grundsätzlich keine Fleischspeisen genoß, wurde die zarteste Rücksicht auf seine vegetarianischen Liebhabereien genommen. Oft sah ich den eigens für ihn angestellten Diener im Winter noch Trauben und anderes feines Obst nach Strube's wohleingerichteter Kasematte tragen. Die badischen Schildwachen, an denen diese und andere Leckerbissen Tag für Tag vorbeigetragen wurden, knirschten vor Grimm über diese rücksichtsvolle Behandlung eines Revolutionärs, den sie hüten mußten und der den Tod mancher braven Soldaten veranlaßt hatte. Dazu kam noch, daß es Strube's Ehefrau (ich glaube eine geborene Blind), die eine dämonische Schönheit war, gestattet wurde, längere Zeit in Rastatt sich aufzuhalten. Bei dem Schirmmacher Komlossy, dem wüthigsten der wenigen Rastatter Krakehler, hatte die Dame ihr Hauptquartier, wo bald Unteroffiziere der Garnison regelmäßig sich einfanden. Man redete sogar offen davon, daß der Gouverneur, dessen Schwachheit für das schöne Geschlecht stadtkundig war, der reizenden Frau von Strube sehr gewogen sei. Die Wühlarbeit der gewonnenen Unteroffiziere unter den unzufriedenen Soldaten zeigte bald ihre Folgen. Die Bierhäuser waren mit Soldaten überfüllt, es ist gar nicht unwahrscheinlich, daß sie öfters Freibier erhielten. Ich habe mehr als einmal gesehen, daß, wenn die Soldaten zum Exerzieren am Schloßplatze antreten sollten, zur festgesetzten Zeit mehr als die Hälfte der Mannschaften fehlte. Die guten

Offiziere gingen dann fort in die nächsten Kneipen und holten ihre Leute zusammen, wobei sie oft noch ausgelacht wurden. Daß ein solcher Zustand nicht lange andauern konnte, ist einleuchtend. Das Wirthshausleben war damals im Flor. Wir „Studenten" hatten im Jahre 48 Wirthshausfreiheit errungen, und so hatten wir reichliche Gelegenheit, die Werkstätten der Politik und die treibenden Persönlichkeiten kennen zu lernen. Unter uns Studenten ging bald das Politisiren über das Studiren. Wir waren getheilt in Aristokraten und Republikaner. Ich erinnere mich noch ganz gut, daß einmal vor Beginn des Unterrichts ein lieber Mitschüler von aristokratischer Herkunft und Gesinnung, der jetzt im höheren Staatsdienste ist, Thränen vergoß über die radikalen Aeußerungen einiger Kommilitonen.

Wie es damals um die militärische Zucht stand, zeigte sich beim sogenannten Oesterreicher Krawall. Es waren damals eine Kompagnie österreichischer Sapeure und Mineure und eine Abtheilung österreichischer Festungsartillerie in Rastatt. Diese waren meist reife schmucke Männer von ruhiger, anständiger Haltung und hatten bedeutend mehr Sold, als die badischen Truppen. Die Oesterreicher (von den Unsrigen „Kostbeutel" und „Zwoggel" geschimpft) hatten beim „schönen" Geschlecht den Vorzug, und so kam es auf einem Tanzboden zu Schlägereien, wobei die badischen Füsiliere das Feld räumen mußten und zudem noch „Halbbatzenbuben" geschimpft wurden, weil sie nur 2 Kreuzer tägliche Löhnung hatten. Nun fühlte sich die ganze badische Garnison, noch auf-

gehetzt durch die bürgerlichen Agitatoren, in ihrer Ehre
gekränkt, und die Feindschaft brach offen aus. Wo unsere
badischen Infanteristen, die einen großen Theil des Tages
auf den Straßen herumlungerten, einen Oesterreicher
sahen, fielen sie über ihn her. Ich sah einmal, wie ein
ganzes Rudel badischer Infanteristen auf einen öster=
reichischen Sapeur einbrang, der dann sich mit dem Rü=
cken an ein Haus anlehnte und mit seinem langen brei=
ten Säbel, der auf einer Seite als Säge hergerichtet
war, die frechen Kerls sich vom Leibe hielt, bis Hilfe
kam. Es kam so weit, daß kein Oesterreicher sich mehr
allein auf der Straße zeigen konnte. Ich glaube, es
war im Februar, als eines Abends österreichische Sa=
peure von der Arbeit heimkehrten. Als sie, etwa 40
Mann zu zwei und zwei hintereinander marschirend, zur
Badener Brücke kamen, wurden sie von einer großen
Menge badischer Infanteristen erwartet und beschimpft.
Ruhig und ernst, aber die Hand am Seitengewehr,
schritten sie durch die schimpfende Menge über die Brücke.
Als sie aber dann von den uniformirten Buben mit
Eisstücken bombardirt wurden, zogen sie auf Kommando
ihres Führers ihre Sägen=Säbel und blieben stehen, wor=
auf das Gesindel etwas zurückwich. Sie setzten ihren
Marsch fort, die Angreifer, immer durch neue Ankömm=
linge verstärkt, hinter ihnen her. Endlich sahen sich die
Oesterreicher genöthigt, in das Gasthaus zum Drachen
zu flüchten und dort sich zu verbarrikadiren. Die Meu=
terer machten Anstalt, das Haus zu stürmen, als aus
einem Fenster einige Schüsse fielen, wie man sagte von

babiſchen Gendarmen, welche mit den Bedrängten ſich
dorthin zurückgezogen hatten. Die Tobenden ſtoben aus=
einander mit dem Ruſe: Gewehre holen!

Es hat lange gedauert, bis der Gouverneur etwas
von dieſen ſkandalöſen Vorgängen erfuhr; es dauerte
wenigſtens lange, bis Generalmarſch geſchlagen wurde.
Der Trommler wurde jedoch von den Soldaten miß=
handelt, ihm die Schlägel aus der Hand geriſſen. End=
lich galoppirte eine Abtheilung Dragoner heran, breitete
ſich auf der breiten Straße aus und trieb, die langen
Säbel nach unten ſchwingend, die Füſiliere u. ſ. w. wie
Haſen vor ſich her. Ich hatte Mühe, in einen Haus=
Eingang mich hinein zu drängen, um nicht überrannt
zu werden. Die gehetzten Füſiliere zeigten nun ihren
Muth im Schimpfen und Drohen. „Ihr Stinkſtiefel“
(ſo nannten ſie die Dragoner), „jetzt laſſen wir den
Strube raus!“ — Was war die Folge? Man hörte
nicht, daß wegen dieſer groben Exzeſſe ein einziger Mann
beſtraft wurde. Dagegen war nach einigen Tagen auf
dem Schloßplatze große Parade, bei welcher Badener
und Oeſterreicher antraten, eine Anrede wurde gehalten,
die ich nicht verſtand, babiſche und öſterreichiſche Offi=
ziere, Unteroffiziere und Soldaten gaben einander die
Bruderhand, und am Abend ſoll auf Koſten der Offiziere
ein großes Verſöhnungsbanket ſtattgefunden haben, wo=
bei ſie ſich ſogar gegenſeitig abgeküßt haben ſollen. Den
Soldaten wurde ſo offenbar die Meinung beigebracht,
daß Exzeſſe nicht geſtraft werden, wenn man ſie in
Maſſe verübt.

In den Wirthschaften ging es sehr lebhaft zu; wer über die Fürsten schimpfen wollte, brauchte sich keinen Zwang anzuthun. „Aristokraten werden gebraten, Fürsten und Pfaffen werden gehängt" — war damals ein beliebtes Lied, nebenbei ließ man die Reichsverfassung hochleben. Die Soldaten schimpften zwanglos über ihre Offiziere. Eine bedeutende Rolle unter den Soldaten spielte damals ein Gefreiter, Namens Haas, von dem später noch die Rede sein wird. Er war ein Murgthäler, hatte seine Jugend als Ladendiener zugebracht und trat somit als Mann „von Bildung" in die Armee. Als Beweis seiner Freisinnigkeit hatte er sich einen Vollbart wachsen lassen. Damals waren beim Militär nur Schnauz- und Backenbärte üblich, Vollbärte waren gar nicht geduldet worden. Haas leitete eine neue Aera ein, indem er sich einen Urwald auf seinem Mannes-Antlitz wachsen ließ und darob nicht belästigt wurde. Wie oft habe ich mich gefreut, wenn ich diesen rauhen Krieger einherschreiten sah, ernst in seinen blonden Vollbart starrend! Der Mensch war glücklich, er schien zu fragen: bin ich nicht der schöne Fritz? Bin ich nicht der kluge Fritz? Seine ganze Stärke lag, wie bei Simson, im Haare; hätte man ihm den Bart abgehauen, er wäre ein Füsilier gewesen, wie die Uebrigen. Seine Reden hätten sicher nicht den Eindruck gemacht ohne diesen Mannesschmuck. Ist es ja auch im bürgerlichen Leben nicht anders; Mancher hätte ohne den Bart ein recht einfältiges nichtssagendes Gesicht, der Haarwald schafft für ihn ein günstiges Vorurtheil und er darf sich

im Schwätzen schon ein Uebriges erlauben. Und Schwätzen
konnte unser Haas, wie ein Hausirer; er war ein Blech=
hämmerer erster Klasse, hat aber mit seinem konfusen
Gebappel mehr ausgerichtet, als studirte Offiziere mit
ihren wohldurchdachten Reden. Gesprochen habe ich die=
sen militärischen Volkstribun nie. Beim Beginn des
Krieges spielte sich Haas zu Mannheim in Lieutenants=
Uniform als Stadt= und Garnisonskommandant auf.
Seine Herrlichkeit war jedoch nur von kurzer Dauer,
und er war dann so klug, zu verduften. Ich habe
wenigstens nie erfahren, daß er vor ein Standgericht kam.

Sonst bin ich mit einigen militärischen Persönlich=
keiten näher bekannt geworden, und zwar durch einen
Lahrer, Namens Scholderer. Wer hätte damals ge=
dacht, daß ich einmal nach Lahr kommen und dort fester
ansässig würde, als der Lahrer Jugendfreund. Schol=
derer hatte einige Klassen des Gymnasiums besucht, die
Handlung gelernt, und brachte es als konskribirter Ar=
tillerist bald zum Fourier. Der Umgang mit seinen
Kameraden genügte ihm nicht, und so kam er regel=
mäßig zu uns „Studenten" auf die Kneipe. Ab und
zu brachte er einen Waffenbruder mit, den er dieser
Ehre für würdig hielt, so u. A. auch den Artillerie=
Wachtmeister Heilig, der bald eine für ihn so ver=
hängnißvolle Rolle spielen sollte. Heilig, ein Pfullen=
dorfer, hatte keine höhere Bildung, war aber ein recht
anständiger, ruhiger, besonnener Mann. Er schimpfte
nicht über seine Vorgesetzten, politisirte nicht, und wäh=
rend die Andern über die Reichsverfassung und die

deutsche Zukunft sich erhitzten, haben Heilig und ich oft still eine friedliche Partie „Domino" mit einander ge= spielt. Heiligs Unglück war seine Leibeslänge und seine Gutmüthigkeit. Er war der längste Mann der badischen Armee, und wurde deßhalb häufig, wenn eine militärische Deputation ins Ausland mußte, als Dekoration mitge= nommen. Seine Gutmüthigkeit machte ihn bei den Ka= meraden beliebt. Wir werden später hören, wie ver= hängnißvoll ihm das wurde.

Bei Rastatter Erinnerungen aus 1849 darf auch die Rastatter Bürgerwehr nicht vergessen werden. In einer Festung ist zwar die Bürgerwehr ein Unding (im 19. Jahrhundert wenigstens), aber sie war doch nicht das größte Unding jener „großen" Zeit. Genug, in Rastatt war eine Bürgerwehr, wie überall. Aber sie war schön angezogen. Grüne Waffenröcke, preußische Spitzhelme, die Offiziere hatten goldene Epauletten und Schleppsäbel, Musik, Trommler, Adjutanten, Nichts fehlte. Als Kommandanten hatten sie Anfangs den pensionirten Major Thome. O, es war ein erhebender Anblick, wenn die Bürgerwehr in Gala ausrückte! Diese vaterlands= vertheidigenden Mienen, der ganze Ernst der Lage auf jedem Antlitz ausgeprägt, in jeder Mannesbrust eine Welt voll Gedanken! Für gewöhnlich, zum prosaischen Exerzieren traten die Mannen in ihrem bürgerlichen Ha= bit an. Wir pietätslose Studentlein hatten unsere helle Freude, wenn wir einige unserer klassischen Professoren mit Zylinderhüten und Spitzbäuchen, den Schießprügel auf der Schulter, zur Waffenübung ausrücken sahen.

Und doch hat auch diese friedliche Bürgerwehr ihre Rolle
gespielt — zur Verwirrung der Verhältnisse. So wurde
kurz vor vollem Ausbruch der Militärmeuterei ein öffent=
liches Verbrüderungsfest zwischen Bürgerwehr und Mi=
litär gefeiert, wodurch unter letzterem die Bande der
Disziplin noch mehr gelockert wurden, als sie es schon
waren. Damit jedoch die Rastatter Bürgerwehr nicht
ungerecht beurtheilt werde, theile ich folgendes Schreiben
mit, welches die Karlsruher Bürgerwehr, die frömmste
im Lande, an die Kameraden in Württemberg, Hessen
und Baden erlassen, und welches die Rastatter Bürger=
wehr Anfangs Mai erhalten hatte:

„Kameraden! Durchdrungen von dem einmüthigen
Gefühl für das Vaterland und für die Anerkennung
der Reichsverfassung, für die jetzt der gesunde Theil der
Nation sich wie ein Mann erhebt, hat die Karlsruher
Bürgerwehr beschlossen, ihre Regierung aufzufordern, die
Vereidigung auf die Reichsverfassung in nächster Zeit
gleich der auf die Landesverfassung vorzunehmen; sie
hat sich bereit erklärt, die Reichsverfassung gegen
jeden Angriff zu vertheidigen; sie hat insbesondere
in Anbetracht der bedrohten Lage unseres Nachbar=
landes Rheinbayern, das uns durch seine muthige Er=
hebung für die Reichsverfassung ein hervorragendes
Beispiel deutscher Gesinnung gab, beschlossen, ihre Re=
gierung zu schützenden Maßregeln für Rheinbayern
aufzufordern, und durch dieselbe sich an die Zentral=
gewalt zu wenden, damit die Zentralgewalt keinerlei
Durchmärsche von Truppen solcher Staaten, welche die

Reichsverfassung nicht anerkannt haben, nach Rhein=
bayern gestatte.

Kameraden! Wir theilen Euch diese Beschlüsse mit,
damit Ihr seht, wie auch wir auf unserm Posten das
Unsrige für die deutsche Sache thun; zugleich aber auch,
damit sie Euch eine Veranlassung seien, für unser be=
drohtes Nachbarland Rheinbayern ebenfalls Schritte
zu thun.

An die Aufrechthaltung solcher Beschlüsse wird bei
uns **Militär und Bürgerwehr**, die glücklicher=
weise in deutscher Gesinnung einig sind, vereint mitwir=
ken, und es wird nur unserer Anregung bedürfen, um
bei Euch dasselbe einzuleiten.

Kameraden! Ihr seid uns zum Theil schon voran=
gegangen mit feierlicher Anerkennung der Reichsverfas=
sung; in Stuttgart wie in Darmstadt ist derselben ge=
huldigt worden, und Euch, Wehrmänner von Württem=
berg, war es vergönnt, in den Tagen der Gefahr dafür
einzustehen.

Die große deutsche Sache, die uns Alle beseelt, ist
noch nicht allenthalben in unserm Vaterlande durchge=
führt; aber sie wird siegen durch das einmüthige Zu=
sammenhalten deutscher Bürger.

Kameraden! So laßt uns denn Alle unter der
schwarz=roth=goldnen Fahne gegen jeden bösen Feind ein=
stehen! Laßt uns einstehen für die Aufrechthaltung der
Reichsverfassung, für deutsche **Einheit** und **Frei=
heit**, und laßt uns insbesondere unsere Brüder in

Rheinbayern nicht vergessen, die unter demselben
Panier kämpfen, wie wir.

Mit Gruß und Handschlag.

Die Bürgerwehr in Karlsruhe."

Die Beschlüsse aber lauteten also:

1) „Die Regierung auf das Dringendste zu ersuchen,
daß sie sogleich nach dem Erscheinen der Reichsver=
fassung im Regierungsblatt die Vereidigung auf die=
selbe gleich der auf die Landesverfassung vornehme.

2) Die Karlsruher Bürgerwehr ist bereit, die Reichs=
verfassung gegen jeden verfassungsverletzenden An=
griff zu vertheidigen.

3) Die Karlsruher Bürgerwehr fordert sämmtliche Bür=
gerwehren des Landes auf, sich in demselben Sinne
zu erklären, und sich zum Einstehen für die
Reichsverfassung bereit zu halten.

4) Die Karlsruher Bürgerwehr fordert insbe=
sondere die badische Regierung auf, bei
der Zentralgewalt schleunigst die nöthigen Schritte
zu thun, namentlich wolle die Zentralgewalt kei=
nerlei Durchmärsche von Truppen solcher Staaten,
die die Reichsverfassung nicht anerkannt haben,
nach Rheinbayern gestatten.

5) Die Karlsruher Bürgerwehr erläßt einen Auf=
ruf an ihre Kameraden in Württemberg
und Hessen, in derselben Weise das Ihrige
zum Zwecke der Reichsverfassung und insbeson=
dere zum Schutze Rheinbayerns einzuleiten.

6) Mit dem Vollzug dieser Beschlüsse ist der Gemeinde=
rath und das Heerschaar=Kommando beauftragt.

Karlsruhe, den 7. Mai 1849.

Das Heerschaar=Kommando.   Der Gemeinderath.

C. Gerber, Oberst.   Malsch."

Daraus ist ersichtlich, welche Aufregung sich damals
der Gemüther bemächtigt hatte. Wenn die Karlsruher
Hoflieferanten, Schneider und Handschuhmacher auf dem
Sprunge waren, die Reichsverfassung gegen jeden „bösen
Feind" zu vertheidigen und der aufständischen republi=
kanisirenden Rheinpfalz beizuspringen, wird man die
Rastatter Bürgerwehr nicht streng beurtheilen dürfen.
Die Karlsruher Bürgerwehr durfte nach Niederwerfung
des Aufstands in Waffen bleiben, während alle übrigen
Bürgerwehren des Landes (ich glaube mit alleiniger
Ausnahme der von der Reichenau) entwaffnet wurden.
Und doch, wenn die Karlsruher Herren nach drei Mo=
naten so geschrieben hätten, wie oben, hätten sie in den
Rastatter Kasematten und durch Schellewerken Unterricht
und Uebung in preußischer Gottesfurcht und frommer
Sitte erhalten. —

Später gab sich die Rastatter Bürgerwehr dazu
her, als Exekution gegen benachbarte friedliche Land=
gemeinden zu dienen und fahnenflüchtige Soldaten und
Freischärler abzufangen.

Als die Fluthen der Bewegung höher gingen, wurde
das Kommando der Bürgerwehr einem gewissen Frei
übertragen, einem früheren Feldwebel, der damals Blu=
menwirth war. Er war eine lange klapperdürre Figur,

deren kleines nichtssagendes Gesicht mit einem mächtigen
Schnauzer behaftet war. Er fand sich bald in die neue
Rolle, und lernte in seinen alten Tagen sogar noch das
Reiten „uf en Art". Wenn er auf seinem Rößlein über
die Straße klapperte, war er das leibhaftige Konterfei
des sinnreichen Junkers Don Quixote von der Mancha.
Auch als Major mit goldigen Epauletten blieb er seinem
Villinger Dialekte treu, und mehr als ein „Bigott, ihr
Sakermenter" fuhr unter seinem Schnauzbarte heraus.
Es wächst der Mensch mit seinen hohen Zielen; Frei
wurde mehr und mehr von dem Hochgefühle seiner Auf=
gabe erfüllt, und als er nach Schluß der Festung gar
zum Platzkommandanten ernannt wurde, gehörte er zu
den Unversöhnlichen. Nachdem die Festung von den
Preußen eingeschlossen war, wurden die Soldaten, die
von Uebergabe redeten, damit vertröstet, daß „General"
S i g e l die Festung befreien werde; wenn dieser nach
acht Tagen nicht da sei, dann werde die Festung über=
geben. In jener kritischen Zeit galoppirte an einem
schönen Nachmittag unser Major Frei durch die Straßen
und schrie aus Leibeskräften: „Viktoria, Viktoria, der
Sigel isch bo!" Es stellte sich bald heraus, daß der
ersehnte Sigel nicht „bo" war. Frei's Hauptverdienst
bestand wohl darin, daß er als komische Figur in jener
trübseligen Zeit Stoff zur Erheiterung bot. Er kam
auch bei der Abrechnung gnädig davon und starb als
Schenkwirth in Villingen.

Die Militärmeuterei.

Die Disziplin unter dem Militär wurde immer lo=
ckerer und es wurde endlich Anfangs Mai ein Soldat
Namens Stark, der eine aufrührerische Rede gehalten
hatte, in Arrest gesteckt. Da versammelte sich ein brül=
lender Haufe von Kanonieren, Infanteristen, Festungs=
Arbeitern u. s. w. vor der Leopoldskaserne und verlangte
gebieterisch Stark's Freilassung. Die Kasernenwacht,
welche die Menge wegtreiben sollte, that ihre Schuldig=
keit nicht, und so wurde Stark von seinem Major auf
freien Fuß gesetzt. Wer aber diese Freilassung zurück=
wies, war Stark. Er dankte seinen Kameraden für die
bewiesene Freundschaft, bemerkte jedoch, daß er auf die=
sem Wege seinen Arrest nicht verlassen wolle. Das sei
nicht der „gesetzliche Weg", den man doch einhalten
müsse. Sein Hauptmann habe ihn in Arrest gesteckt,
und der müsse ihn auch wieder frei lassen. (Wenn ich
mich recht erinnere, war Stark Lehrer gewesen.) Der
Hauptmann ließ ihn dann frei, worauf die Tumultuan=
ten sich allmälig entfernten. Nachmittags ging jedoch
der Teufel wieder los, weil das Gerücht ging, Stark

sei wieder verhaftet worden. Als dieses Gerücht sich als falsch erwies, wurde von den geheimen Rädelsfüh= rern die Nachricht von anderen Verhaftungen unter die Massen geschleudert, die ebenso falsch war, aber doch den gewünschten Erfolg hatte, die Soldaten in steter Aufregung zu erhalten und zu Gewaltthätigkeiten zu verleiten. In der Wilhelmskaserne trieb Oberst v. Pier= ron nebst einigen anderen Offizieren die Meuterer mit blanken Säbeln von dannen. Als diese später vor Pierrons Wohnung sich zusammenrotteten, um Rache zu nehmen, ließen sie sich durch eine Rede des Gefreiten Haas beschwichtigen.

Nun ging es aber nochmals zur Leopoldskaserne. Der verhaftete Korporal Kehlhofer sollte befreit werden. Derselbe war ohne Urlaub über 8 Tage aus der Gar= nison entfernt gewesen und deßhalb heute nach seiner Rückkehr in Arrest gesteckt worden. „Kehlhofer heraus!" brüllte die Menge. Der Wachkommandant, Hauptmann von Degenfeld, hatte sich mit der verstärkten Wachmann= schaft vor dem Kasernenthor aufgestellt. Als seine Auf= forderung zum Auseinandergehen nicht beachtet wurde, als sogar die Tumultuanten der Wache sich näherten und aus dem Hintergrunde Steine auf dieselbe gewor= fen wurden, gab er Befehl, das Gewehr zu fällen und die Angreifer zurückzutreiben. Nur wenige Soldaten und ein Unteroffizier Namens Rinkleff leisteten Folge.

„Kanonen holen!" brüllten die wüthigen Kanoniere und rannten davon. Die anderen Haufen versprachen, sich zu entfernen, wenn die Wache in das Innere der

Kaserne zurückgezogen würde. Im Augenblick, als dieses
geschah, fielen Steinwürfe gegen die Offiziere, wodurch
Oberst Hofmann schwer verletzt wurde. Als in diesem
kritischen Augenblicke Oberst von Pierron mit einem
Abjutanten vorbeiritt, wandte sich die Menge plötzlich
gegen ihn; Schimpfworte, Steine und Faschinenmesser
wurden nach ihm geschleudert. Ein Dragoner führte
einen Hieb mit dem Säbel nach ihm, hieb aber blos
den Zügel des Pferdes ab. Der Abjutant faßte schnell
entschlossen das Pferd beim andern Zügel und sprengte
mit dem Oberst durch die brüllende Menge, die sich nun,
es war mittlerweile dunkel geworden, wieder in die
Stadt wälzte.

Hier wurde die Lüge unter sie geworfen, Hauptmann
Degenfeld habe einen Mann erstochen. Man stürzt nach
seiner Wohnung, findet ihn aber glücklicherweise nicht.
Auch auf andere Offiziere wurde Jagd gemacht, aber
vergebens. Nun stürzte das Gesindel in die Wohnung
des Obersten Pierron, der glücklich in Eile von seinem
Hausherrn geborgen wurde. Dagegen wurden in Gegen=
wart der Gattin und kranken Tochter die Möbel zer=
trümmert, und dann die alte Regimentsfahne, welche,
von Kugeln zersetzt, Zeugniß gab von der Treue und
Tapferkeit der badischen Truppen früherer Zeit, mitge=
nommen, und auf der Straße deren Krone zertrümmert.
Einige ältere Soldaten wurden darüber doch erbittert,
entrissen die Fahne dieser Schmach und brachten sie aufs
Rathhaus. Der Gouverneur, General von Cloßmann,
war mit einer Abtheilung Dragoner erschienen, um den

Platz zu säubern; die Dragoner waren aber nicht mehr
zuverlässig, der General wurde durch Steinwürfe nicht
unerheblich verletzt und wurde von Offizieren in seine
Wohnung im Schloß verbracht.

Der Dragoner-Lieutenant Gramm erregte damals
und bei andern ähnlichen Gelegenheiten durch seinen
Muth die Bewunderung aller Gutgesinnten. Er stürzte
sich mit seinem Pferde, mit dem er verwachsen schien,
den Säbel schwingend, in die dichtesten Menschenknäuel
hinein, brach sich Bahn und galoppirte, wie der Ritter
mit dem flammenden Schwerte, durch die Straßen, daß
die Funken davonflogen. Ein prächtiges ritterliches
Bild! — Die Wuth war noch nicht erschöpft. Des andern
Morgens früh sah ich (ich wohnte im sog. Dörfel) einen
gemischten Haufen nach der nahen Leopoldskaserne sich
begeben. Ich ging nach. Bald schleppten sie einen baar-
häuptigen Unteroffizier aus der Kaserne heraus, den sie
mit Püffen und Stößen mißhandelten; es war Rinkleff,
der gestern seinem Hauptmann von Degenfeld treu zur
Seite gestanden. Er sollte gestern einen Kanonier verwundet haben, der nun dem Tode nahe sei. Das Jammerbild dieses Mannes, dem sie bald die meisten Haare
ausgerissen hatten, werde ich nie vergessen. Einige hundert Schritte von der Kaserne begegnete Hauptmann
von Böcklin, der zum Dienst in die Kaserne sich begeben wollte, dem wüthenden Haufen. Er war sonst
wegen seiner Rechtlichkeit und seines humanen Beneh-
mens bei den Soldaten beliebt. Als er sich aber hier
des unglücklichen Unteroffiziers annehmen wollte, fiel ein

Theil der Wüthenden über ihn her. Mit Faschinen=
messern hieben sie nach ihm, Andere warfen auf ihn,
der große stattliche Mann wäre nicht mehr im Stande
gewesen, seinen Degen zu ziehen, so war er umknäuelt;
er zog nur den Paletot, den er umgehängt hatte, über
den Kopf, und mußte Alles über sich ergehen lassen.
Ich weiß nicht mehr, wie er frei wurde, da ich es doch
für gerathen fand, nicht länger stehen zu bleiben, und
so folgte ich der Bande, welche den Rinkleff der Stadt
zu schleppte. (So viel ich weiß, lebt Herr von Böcklin
noch als pensionirter Oberst.)

Beim „Husarenstall", wo die Artilleristen ihre Pferde
hatten, war Rinkleff bereits blutig geschlagen, von sei=
nem Uniformsfrack hing ihm kaum noch das leinene
Futter am Leibe. Seine Quäler schoben ihn in den
Stall mit den Worten: „Da habt ihr den Brudermör=
der". Er versichert aufs Neue seine Unschuld und
fragt, wie denn der Kanonier heiße, den er verwundet
oder getödtet haben solle. Als ein Name genannt wurde,
sagte Einer von der Stallwache, der liege ja dahinten
im Stall und schlafe seinen Rausch aus. Mehrere eilen
hinein, um sich zu überzeugen, und diesen Augenblick
benützte Rinkleff zur Flucht. Von der Verzweiflung
getrieben, rennt er in mächtigen Sätzen zur nahen Schloß=
wache, wo er sich geborgen glaubt. Der Arme sollte
bitter enttäuscht werden.

Wachkommandant war der „neugebackene" Lieutenant
Wacker, der im Jahre 1848 vom Fourier zum Offizier
befördert worden war, ein biederes, gutmüthiges Männ=

lein, daß eine Zierde jeder Schreibstube gewesen wäre, nie aber zum rauhen Waffenhandwerk taugte. Ich glaube, daß man die Angst, die Wacker in jenem Momente ausstund, sich gar nicht vorstellen kann. Dieses zitternde Männlein mit den unzuverlässigen Soldaten der Wache konnte es nicht verhindern, daß Rinkleff von den Tumultuanten wieder aus dem Wachlokale herausgeholt wurde. Freilich, wie die Sache einmal stand, hätten höchst wahrscheinlich Andere das auch nicht verhindert. Ich hatte die Schinderei übersatt und brachte es nicht mehr über mich, der kannibalischen Horde weiter zu folgen. Ich erfuhr, daß Rinkleff durch verschiedene andere Straßen in die Leopoldskaserne zurückgeschleppt und dann im Drange der weiteren Ereignisse vergessen wurde. Später sah ich ihn, ein Bild des Elendes, ich glaube, er wurde als Bureaudiener des Standgerichts verwendet. — In jene Zeit, das Datum weiß ich nicht mehr, fällt ein Vorkommniß, das noch lebhaft vor meiner Seele steht. Als die zuchtlosen Soldaten tumultuirend durch die Straßen zogen, erschien der Gouverneur, General von Cloßmann, zu Fuß mit seinem Abjutanten Stölzel und einem Trommler. Als dieser seinen Wirbel beendigt hatte, hielt der greise General eine Ansprache an die Soldaten, in welcher er sie aufforderte, zum Gehorsam und zur Ordnung zurückzukehren, ansonst er das Standrecht verkünden müsse. „Was, brüllte ein besoffener Füsilier, Du willst Standrecht über uns erklären, Du H....... — wir erklären das Standrecht über Dich!" Ich dachte mir, der General werde nun seinen

Säbel ziehen und dem frechen Kerl den Kopf spalten. Er that aber so etwas nicht, sondern kehrte betrübt mit seiner Begleitung zurück. Freilich wäre er, wenn er das gethan hätte, was ich als erregter unerfahrener Studiosus damals erwartet hatte, von der bestialischen Horde massakrirt worden.

Einige Jahre später, im Jahre 1854—55, war ich Vikar in Achern und kam hie und da in die Heil= und Pflegeanstalt Illenau. Da sah ich einmal eine Manns= person zusammengekauert, stumpfsinnig vor sich hinstie= rend, auf einer Gangtreppe sitzen. Mein Begleiter sagte mir, das sei der General von Cloßmann. Da fiel mir jene aufregende Szene am Eck der Post= und Herren= straße in Rastatt ein; ich dachte mir: welch glorioses Ende hätte dieser alte General genommen, wenn er da= mals von den Meuterern ermordet worden wäre! Wer weiß, ob ein solches Opfer nicht gute Früchte getragen hätte? Er hatte damals offenbar Angst um sein Leben — nun vegetirte er längere Zeit in der Pflegeanstalt, bis endlich das matte Lebenslicht erloschen war. Wahr= lich ein tragisches Ende. —

Die Kunde von der Rastatter Schreckensherrschaft war doch endlich nach Karlsruhe gedrungen. Kriegs= minister Hofmann, der als liberal galt, kam mit den Hinkeldey'schen Dragonern und einiger reitenden Artil= lerie nach Rastatt. Hinkeldey war als Haupttreaktionär verschrieen, weil 1848 seine Dragoner tüchtig auf die Freischärler eingehauen hatten. („Und der tapfere Hin= keldey war zu Pferde auch dabei", sagte Nabler im „Stru=

welputsch".) Der Kriegsminister begab sich zu den verschiedenen Truppentheilen und fragte nach ihren Beschwerden.
Unterwegs wurde nach ihm geworfen und Todesdrohungen
wurden gegen ihn ausgestoßen. Im Fort Leopold wurde
er von einem schreienden Haufen umringt, worauf sich
der Gefreite Haas wieder beschwichtigend ins Mittel
legte, vor „Ungesetzlichkeiten" warnte, worauf es ruhig
wurde. Haas bat dann um die Erlaubniß, die Offenburger Versammlung besuchen zu dürfen (wegen der
Reichsverfassung), was ihm auch gestattet wurde. Die
Ruhe dauerte jedoch nicht lange. Nachmittags wurde
Razzia nach verschiedenen Offizieren gemacht, auch in
die Wohnung des Generals Cloßmann stürzte eine Bande,
um ihn zu ermorden. Er konnte mit den Seinigen sich
noch zeitig auf dem Speicher verstecken. Der Kriegsminister begab sich gegen Abend in den Schloßgarten,
wo die Hinkeldey'schen Dragoner und die reitende Artillerie aufgestellt waren. Hier sah es schon nicht mehr
geheuer aus. Die Meuterer hatten sich zu den Dragonern herangedrängt, ihnen die Hände geschüttelt und sie
aufgefordert, kein „Bruderblut" zu vergießen. Im
Schloßhofe standen gegen die Stadt gerichtete Kanonen,
diese wurden plötzlich von Festungsartilleristen herumge-
gedreht und gegen die Dragoner gerichtet.

Artilleriehauptmann Zeroni, der hier Ordnung
schaffen wollte, kam arg ins Gedränge. Mit einem
Richtbaume erhielt er einen wuchtigen Streich auf den
Kopf, daß das Blut unter dem Helme hervorquoll. Sein
Pferd erhielt Stichwunden. Der tapfere Offizier hieb

sich durch. Es war ein grausig schöner Anblick, als dieser Mann mit blutüberronnenem Gesichte, den blanken Säbel in der Faust, zum Kriegsminister, in dessen Nähe ich stand, heransprengte und Meldung machte. Später sah ich oft einen Kanonier, dem ein Frackflügelein abgehauen war; man sagte mir, Zeroni habe das gethan, dessen Säbel auf der Hosenschnalle des Kanoniers abprallte, aber doch ein Frackflügelein wegrasirte. —

Plötzlich ertönte der Ruf: „die Preußen kommen!" der dem Fasse vollends den Boden einschlug.

Die Dragoner weigerten sich großentheils, die Säbel zu ziehen, die Meuterer fraternisirten mit ihnen. Die Dragoner wurden großentheils mit in die Stadt genommen, die Infanteristen rannten ihren Kasernen zu mit dem Rufe: „Gewehre holen!" So bekamen die Offiziere und die wenigen treu gebliebenen Soldaten Luft. Der Kriegsminister zog sich mit vielen Offizieren und einigen Feldgeschützen aus der Festung zurück durch ein Ausfallthor, das zu diesem Zwecke schon geöffnet worden war. Durch die gewöhnlichen Thore wäre der Rückzug schon nicht mehr möglich gewesen.

Ich hielt es für angemessen, mich nach Hause zu begeben. In der Nähe der Kirche begegnete mir ein Trupp Infanteristen, die, im Springen die Gewehre ladend, die Poststraße hinaufstürmten. „Wohin ihr Soldaten?" rief ich; „gegen die Preußen!" war die Antwort. Als ich ihnen nun begreiflich zu machen suchte, daß weit und breit kein Preuße sein könne, wurde ich plötzlich von hinten am Kragen gepackt. Ein Rasirer

Namens Keller, ein ich glaube aus Hessen eingewan=
derter Rastatter Bürger, verwies mir ganz wüthend, daß
ich die Soldaten irre machen wolle; die Preußen seien
ja schon brunten im Niederwalde. Die Soldaten
rannten weiter, Keller ließ mich los, ging seine Wege,
um andere Mannschaften anzufeuern; ich drückte mich
nun, überall mit Gewehren bewaffneten springenden Sol=
baten begegnend, in kürzester Linie nach Hause. Es
war ein wildes buntes Bild. Kein einziger Soldat
war vollständig ausgerüstet. Der eine erschien in Frack
und Feldmütze, der andere mit Wams und Tschako, ein
anderer mit Mantel und einem Helm, ein fürchterliches
Durcheinander. In meiner Wohnung, an welcher der
Weg zur Leopolds=Kaserne vorbeiführte, hatte ich Ge=
legenheit, dieses Treiben noch einige Zeit zu beobachten.
Es wälzte sich gerade ein buntgewürfelter Haufe der
Stadt zu, als Hauptmann Ruppert, der in voller
Ausrüstung in die Kaserne wollte, demselben begegnete.
„Soldaten, wohin wollt ihr?" rief er. „Gegen die
Preußen!" war die Antwort. Da sei er auch dabei,
sagte Ruppert, der jedenfalls wußte, daß keine Preußen
da waren, und suchte den Soldaten begreiflich zu machen,
daß sie so nichts gegen die Preußen ausrichten könnten.
Sie sollen antreten, wie es sich gehöre, dann wolle er
sie führen. Dem sonst auch beliebten Offiziere wurde
ein donnerndes Hoch gebracht. Er hielt noch einige
Zeit und sammelte Alle, die noch des Weges kamen.
Er führte dann die bunte Truppe, viel zahlreicher als
eine Kompagnie, „gegen die Preußen". Natürlich wurde

nirgends ein Preuße entdeckt, aber Ruppert hielt seine
Mannschaft beisammen, ließ sie die Nacht über auf
dem Marktplatze biwuakiren, weil ja die Preußen immer
noch kommen könnten. Dadurch bewahrte er diese Sol=
daten vor Erzessen, die in jener Nacht von zügellosen
Banden in reichem Maße und gröbster Weise verübt
wurden. Sein kluges muthiges Auftreten sollte ihm
aber verhängnißvoll werden. Er war jetzt der Ge=
fangene seiner Soldaten, konnte nicht mehr zur Festung
hinaus und wurde nach einigen Tagen von ihnen zum
Major gewählt, als welcher er sie später wirklich gegen
die Preußen führte, und bei der ersten Gelegenheit im
Unterlande zu den Preußen überging. Er wurde Ge=
fangener und nach Niederwerfung des Aufstandes vor
das Mannheimer Standgericht gestellt, wo er sich selbst
in glänzender Weise erfolgreich vertheidigte. Er beschrieb
seinen preußischen Militär=Richtern das militärische Luder=
leben, das lange in Rastatt geherrscht und faßte seine
endliche Zwangslage in die Worte zusammen: „ich
war verrathen von unten und verlassen von
oben!" Er wurde freigesprochen. Später fabrizirte
er in Offenburg komprimirte Gemüse, um sein Leben zu
fristen. — So wie er wurden viele brave Männer von
der Bewegung mit fortgerissen und manche vom Strome
verschlungen, da es nicht Jedem gelang, das bergende
Ufer zu erreichen. Die meisten Offiziere und Unteroffi=
ziere, die in jener Nacht nicht aus der Festung entkamen,
mußten eben wohl oder übel mitmachen, wenn sie ihr
Leben retten wollten.

Auf diese tollen Orgien folgte am nächsten Tage (einem Sonntage) ein Katzenjammer. Die Hauptkrakehler reisten zur Volksversammlung nach Offenburg. Die Soldaten waren über die Flucht der meisten Offiziere verblüfft, sei es, weil sie dieselben nun nicht mehr maltraitiren konnten, oder auch, weil sie wohl einsahen, daß sie deren Führung bedurften. Die Festungs-Artilleristen, deren Offiziere sämmtlich mit dem Kriegsminister nach Karlsruhe abgezogen waren, schickten eine Deputation an dieselben mit der Bitte, sie möchten zurückkehren und ließen ihnen Gehorsam versprechen. Der Kriegs-Minister, der Rastatt für verloren hielt, erlaubte die Rückkehr nicht. In Rastatt wurde ein Vertheidigungs-Ausschuß gebildet. Hauptmann Greiner war schon vom Kriegsminister an Stelle des kranken Generals von Cloßmann zum Gouverneur ernannt worden. (Derselbe war später Posthalter in Baden.) Abends wurden von den von Offenburg Zurückgekehrten die Beschlüsse der Offenburger Versammlung vom Rathhause herab verkündigt, was jedoch ziemlich kühl aufgenommen wurde. Die Hetzer suchten nachher die Truppen wieder in Aufregung zu bringen, indem sie verbreiteten, es seien verkleidete Offiziere als Spione angekommen, worauf nochmals Jagd auf versteckte Offiziere gemacht wurde. Hauptmann Heusch, der ein schönes Haus in Rastatt besaß, wurde verhaftet, weil ihm angedichtet wurde, er habe bereits die Minen mit Pulver gefüllt, um die Festung in die Luft zu sprengen.

Die proviſoriſche Regierung und der Krieg.

Am folgenden Morgen wurde wieder einmal Gene=
ralmarſch geſchlagen; Brentano, Gögg und andere Mit=
glieder des Landesausſchuſſes waren von Karlsruhe ge=
kommen und ließen Bürgerwehr und Truppen vor dem
Rathhauſe verſammeln. Brentano, mit einer ſchwarz=
roth=gelben Schärpe geſchmückt, verkündigte vom Balkon
des Rathhauſes herab, der Großherzog habe das Land ver=
laſſen, der Landesausſchuß bilde nun eine proviſoriſche
Regierung, die Truppen und die Bürgerwehr hätten dieſer
und der Reichsverfaſſung den Eid zu leiſten. Auf dem
Balkone zeigten ſich noch verſchiedene fremde und bekannte
Perſönlichkeiten. Von den Reden, die noch verübt wurden,
ſind mir nur noch zwei in lebhafter Erinnerung. Der
Gefreite Haas mit dem ſchönen Vollbarte hielt eine An=
ſprache an ſeine Kameraden, die in eine Predigt aus=
artete. Man werfe ihnen, den Führern, vor, ſie wollten
die Religion vernichten, das ſei aber nicht wahr, und
zum Beweiſe deſſen ſprach er mit großer Salbung von
der Mutter Gottes. Dieſe Heuchelrede gehörte jeden=
falls zum Programm, denn die Balkongeſellſchaft ließ

ihn ruhig ausreden. Anders ging es seinem Nachfolger, dem Kronenwirth Adam, der schon lange als komische Figur der Freiheitsbewegung bekannt war. Sein Wirths= hausschild war schwarz=roth=golden angestrichen, sein Schimmelein, auf dem er oft durch die Straßen träp= pelte, hatte reichsfarbiges Geschirr, er selbst trug leinene Turnerkleider mit schwarz=roth=goldenem Besatz, und eine rothe Halsbinde. Heute glaubte er am Ziele seiner Wünsche angelangt zu sein; in gehobenster Stimmung trat er an die Brüstung und hub mit verklärtem Ant= litze also an: „Bürger, Brüder! der Tag der Freiheit ist angebrochen, die Knechtschaft hat ein Ende." Er schaute seitwärts und erblickte dort den Medizinalrath Harsch, der an einem Fenster seiner Wohnung stand, was ihn zu folgendem Ausbruch begeisterte: „glaubt denn der Physikus da drüben, daß man jetzt noch seinen Kamilleblümeles=Thee saufen müsse?" Jetzt war Heu genug unten, und deßhalb zogen einige kräftige Arme den heftig Widerstrebenden in den Rathhaussaal hinein. Kronenwirth Adam, der einen Sparren hatte, mußte später seine Dummheiten in den Kasematten büßen, wo er, wie er sich ausdrückte, „geschlossene Gesellschaft" hatte. (Derselbe hatte einmal im Wochenblatte ange= zeigt: „am Pfingstmontag ist bei mir Tanzmusik und Schlägerei").

Die hohen Herren kamen bald herab und nahmen den Eid ab. Die Oesterreicher weigerten sich, zu schwören, weil ihr Staat die Reichsverfassung nicht an= erkannt hatte, und man ließ sie unbehelligt. Nach

einigen Tagen verließen sie Rastatt und zogen durch's
Württemberg'sche an den Bodensee, nach Bregenz. —
Nun begann die Wahl der Offiziere. Die Bürgerwehr
wählte zu ihrem Kommödianten den schon gezeichneten
Frei. Die Soldaten wählten einige ihrer zurückgeblie=
benen Offiziere, andere fielen durch. Ich sah einen mir
wohl bekannten badischen Lieutenant, der Thränen vergoß,
weil er nicht gewählt wurde. Nach einigen Jahren sah
ich ihn als berittenen Grenzkontroleur, was er wohl
seinem angesehenen Vater zu danken hatte. Die Festungs=
artillerie wählte zu ihrem Major den langen Wacht=
meister Heilig, der auch sonst beliebt war. Mein
Freund Scholderer, der mit dem Kriegsminister die
Festung verlassen hatte, aber dann mit einigen Kame=
raden wieder hereingeschickt worden war, wurde Lieute=
nant. Diese beiden Genannten waren über ihre Er=
wählung nicht absonderlich erfreut, und zögerten auch
ziemlich lange, die Uniform ihres neuen Grades zu
tragen, bis sie dazu gezwungen wurden. Sobald Heilig
aber die Majorstrotteln auf seinen schmalen Schultern
hatte und regelmäßig den Majorsgehalt mit Feldzulage
bezog, wurde er ein anderer Mensch. Wir werden
später noch auf ihn zu sprechen kommen. — Am 25.
Mai wurden die Rittmeister v. Glaubitz, v. Freydorf,
Lieutenant Wirth und einige andere Dragoner=Offiziere
als Gefangene nach Rastatt verbracht, weil sie gegen
Befehl der provisorischen Regierung ihr Regiment nach
Karlsruhe statt nach Rastatt geführt hatten. Sie wurden
zu Fuß durch die Stadt nach einer Festungsbastion ge=

führt. Ein fanatisirter Haufe hatte sie bald umzingelt,
bereit, sie zu massakriren. Scholderer rettete durch seinen
Einfluß ihr Leben, und wie sich später zeigen wird,
dadurch auch sein Leben.

Bei dem zunehmenden Blutdurste der Besatzung
waren diese Offiziere auch in den Kasematten nicht
sicher. Nach einigen Tagen kam Brentano, um sie abzuholen. In einem Omnibus wurden sie über Mittags-
zeit, da die Soldaten bei Tisch waren, an den Bahnhof
geführt, wo ich zufällig gerade anwesend war. Diese
geheime Entführung war aber doch bald in den Kasernen
bekannt geworden, ein mit Gewehren bewaffneter Haufen
Soldaten kam an den Bahnhof gerannt, und kam zu
der beabsichtigten Blutthat nur deßhalb zu spät, weil
der Zugführer Angesichts der drohenden Gefahr den
Zug eine Minute vor der Zeit abdampfen ließ. Man
sagte den Wüthenden, die Offiziere würden in Karlsruhe abgeurtheilt werden, dieselben wurden jedoch dort
alsbald in Freiheit gesetzt. — Auch nach Baden machten
einmal einige hundert Soldaten einen Ausflug, um Offiziere zu fangen, die sich dorthin zurückgezogen hatten.
Die Verwilderung hatte den höchsten Grad erreicht.
Kam es doch wiederholt vor, daß die Angehörigen der
vergeblich gesuchten Offiziere mißhandelt wurden. —
Am Bahnhofe war beständig eine Wache mit Bürgerwehr, um das Abreisen von Aristokraten und die Weg-
führung von Geldern zu verhindern. Dieser „Sicher-
heitsdienst" wurde hauptsächlich von dem wüthigen
Schirmmacher Komlossy geleitet, der in seinen Wasser-

stiefeln und mit seiner Feuerwehrs=Blechhaube immer
in Bewegung war. Er wäre sicher noch der Häupt=
ling einer Kopfabschneiderbande geworden, wenn es nach
seinem Wunsche gegangen wäre. — Die Großh. Zivil=
beamten wurden abgesetzt, an ihre Stelle traten der
Bewegung freundlich gesinnte Rechtspraktikanten. Der
höchste Beamte war der Zivilkommissär, als welcher
zuerst Bürgermeister Sallinger fungirte, nach ihm „Bür=
ger" Grether. Der Zivilkommissär verlangte, daß die
Lyzeisten zur Vertheidigung der Festung sich vorbereiteten
und deßhalb in der Bedienung der Festungsgeschütze sich
einüben ließen. Ich wurde als Schüler der obersten
Klasse von meinen Mitschülern beauftragt, dem Lyzeums=
Direktor S c h a r p f hierüber Vortrag zu halten; als ich
ihm mitgetheilt hatte, daß wir bei der Festungsartillerie
eintreten wollten, schlug er mir so heftig auf die Schulter,
daß ich fast umgefallen wäre, und rief aus: „So ist's
recht, daran erkenn' ich meine deutschen Jünglinge!
Wenn ich meinen krummen Fuß nicht hätt', würd' ich
selbst mitmachen!" —

Der große gewichtige Mann hatte vor einigen
Jahren Abends beim Nachhausegehen auf dem spitzigen
Straßenpflaster den Fuß übertreten. Die böse Welt
nannte nachher seinen Lieblingswein im Löwen den
„Fußbrecher". Daß er dem Bachus stark opferte,
konnte kein Geheimniß sein. Im Frühjahr 1849 kugelte
er einmal Abends über den Murgdamm hinab. Ein
Sextaner, der jetzt im Kreise Offenburg Oekonom ist,
bemerkte den Unfall, eilte dem gefallenen Direktor zu

Hilfe und brachte ihn nicht ohne Mühe nach Hause. Am folgenden Tage ließ der Direktor diesen barmher= zigen Samaritan kommen und hielt ihm eine bewegte Rede über die Schwachheit des Fleisches. So gehe es, wenn man nicht auf sich Acht gebe, er solle sich ein Exempel daran nehmen. Einige Wochen später war ich mit einigen Studiengenossen bei einem Mitschüler, der aus Unvorsichtigkeit mit einer Vogelflinte sich in den Unterleib geschossen hatte; er war der Sohn eines Beamten Wolf in Emmendingen. Wir hatten den mit dem Tode ringenden Jüngling tief erschüttert verlassen, als sich uns auf der Straße ein anderes Bild darbot. Ein Herr schleppte unsern total betrunkenen taumelnden Direktor durch die Straße, und hatte alle Mühe, ihn an den Gasthäusern vorbei zu bugsiren, in welchen er noch= mal Einkehr halten wollte. Der Führer hatte es ge= schickt zu Stande gebracht, dem Löwen auszuweichen, war aber damit an das Kreuz auf der andern Seite gerathen, wo gerade die anmuthige Schwester der Wirthin am offenen Fenster saß. Unser „Nobel" — das war sein Spitzname — wollte hier noch eine heftige Galan= terie verüben, worüber er sammt seinem Führer fast zu Boden gestürzt wäre. Für uns, die wir als wahre Cham=Söhne unserem „Vater" bisher gefolgt waren, war jetzt Heu genug unten; wir schämten uns und zogen uns zurück. Als ich am andern Morgen die Pforte des Lyzeums betrat, sagte mir der Pedell, der mich erwartet hatte, ich solle gleich zum Herrn Hofrath kommen, — der Direktor war nämlich Hofrath. Ich

ging zuerst in's Klassenzimmer und theilte das den
Komilitonen mit. „Aha, hieß es da, er hat uns sicher
gestern Abend gesehen, und wird jetzt wieder abbitten
wollen." In höchster Spannung begab ich mich in die
in einem Seitenflügel befindliche Wohnung des Direk=
tors. Auf wiederholtes Anklopfen vernahm ich endlich
ein geisterhaftes „Herein". Bei dem Anblicke, der sich
mir bot, mußte ich alle Kraft zusammen nehmen, um
nicht in lautes Gelächter auszubrechen. Unser Nobel
lag noch im Bette und war mit einer roth geblümelten
weißen Schlafjacke seiner vor einigen Jahren verstor=
benen kolossalen Ehefrau angethan. Nach einer feier=
lichen Pause hub er also an: „Ich bin ganz weg, ich
kann heute keinen Unterricht geben, deßhalb hab' ich Sie
kommen lassen. Nein, dieses entsetzliche Unglück! Sie
können das gar nicht verstehen, da muß man Vater
sein. Ich bin Vater. Dieser arme Wolf, in der Blüthe
der Jahre gestorben, und auf diese Weise — entsetzlich!
Denken Sie sich in die Lage seines Vaters! Ich bin
ganz weg, ich kann nichts thun. Sorgen Sie deßhalb,
daß der arme Mensch ein schönes Begräbniß erhält. Er
ist am Freitag gestorben, also wird er morgen —
Sonntag — beerdigt werden. Wenn die Anstalt öffent=
lich auftritt, da muß Alles aufgeboten werden. Also
sorgen Sie für ein schönes Begräbniß mit Musik ꝛc."
— Als ich den Mitschülern, die mich in höchster Span=
nung erwartet hatten, sothane Bettrede „ase warm"
mitgetheilt hatte, brachen die Entmenschten in ein unge=
heueres Halloh aus. — Daß seine oben angeführte

Aeußerung, er würde auch mitmachen, wenn er seinen
krummen Fuß nicht hätte, nur Heiterkeit erregte, ist
selbstverständlich. Ich werde später nochmal auf den
Mann zurückkommen.

Bei dieser Gelegenheit will ich noch einen andern
Studienlehrer erwähnen, der in diesen Erinnerungen
eigentlich nicht übergangen werden darf, nämlich den
Professor Fickler, Bruder jenes Fickler, welcher den
radikalen Seeboten redigirte, in Karlsruhe durch seinen
Freund Mathy verhaftet und später auf den Asperg
bei Ludwigsburg verbracht wurde, von wo aus er vom
König von Württemberg entlassen wurde. Unser Fickler
war kein Revolutionär, dazu war er schon zu pommadig.
Früher war er geistlicher Professor am Gymnasium in
Donaueschingen gewesen, und hat dann nach seiner Ver=
setzung an das Lyzeum in Rastatt den geistlichen Rock
ausgezogen. Er ist zu keiner andern Konfession über=
getreten, hat auch nicht geheirathet, und ich habe nie
eine verletzende Aeußerung über Kirchliches von ihm
vernommen. Ich hatte bei ihm Unterricht in Geschichte
und Latein. Er war ein vielseitig gebildeter, geistreicher,
recht angenehm ansprechender Lehrer, der sich in Ach=
tung zu setzen wußte. Bei seiner Lehrtüchtigkeit und
seinem leutseligen jovialen Benehmen that ihm seine in's
Eitle übergehende Sorgfalt auf sein Aeußeres wenig
Abtrag. Er erschien nie anders als in Glacehandschuhen
in der Klasse. (Man hat ihm nachgesagt, er sei in
Donaueschingen in solchen Handschuhen an den Altar
und auf die Kanzel getreten.) Häufig wechselte er

3

seinen Anzug wenigstens zweimal täglich. Vormittags
erschien er z. B. durchaus braun gekleidet (Handschuhe
inbegriffen), Nachmittags durchaus grau mit ditto Hand=
schuhen. Sein Hauptkleid war ein rund ausgeschnittener
offen stehender Frack, auf seinem stattlich gewölbten
Leibe prangte eine goldene Uhrkette. Wenn er sich
auf dem Katheder niederließ, war er das Bild der Be=
haglichkeit. Er fing alsbald an zu reden mit breitem
gemüthlichem Brusttone, dann reinigte er mit elegantem
Foulard seine goldbeschlagene Brille, dann entledigte er
sich, immer weiter dozirend, nicht ohne Mühe, seiner
stramm anliegenden Handschuhe, zog nach längerem
Wühlen aus dem Westentäschchen einen Ohrlöffel, mit
dem er behaglich in den Ohren herumstoberte, Nach=
mittags wurde auch der Zahnstocher in umfassende
Thätigkeit gesetzt, dann begann eine gründliche Schneu=
zung, die allein die immer fortsprudelnde Rede unter=
brach. Nach Beendigung dieser Toilette, die insoferne
der Eleganz entbehrte, als sie öffentlich gemacht wurde,
verließ er den Lehrstuhl und trat uns näher. Ich kann
nicht sagen, daß ich in seinen Stunden je Langweile
empfunden hätte, obwohl er, obgenannte Einleitung ab=
gerechnet, nie Allotria trieb, wie das einige andere Pro=
fessoren in Uebung hatten. Als Junggeselle speiste er
im Gasthofe und war wegen seines gemüthlichen
Humors und mitunter treffenden feinen Witzes ein gerne
gesehener, ja gesuchter Gesellschafter. Diesem glücklichen
Umstande hatte er es auch zu verdanken, daß er in
jenen wechselvollen bewegten Zeiten immer sich oben

erhielt. Als die Aufständischen in Rastatt regierten, verkehrte er tagtäglich mit deren Häuptern und durfte sich ihnen gegenüber schon ein Uebriges erlauben; als die Preußen erschienen, war er mitten unter ihnen, sie schätzten ihn als angenehmen Gesellschafter. Vor dem Standgericht trat er wiederholt, und zwar mit Erfolg, als Vertheidiger auf. Er war deßhalb auch ganz besonders befähigt, über die Vorkommnisse jener Zeit die Aufzeich= nungen zu machen, welche ich in der Einleitung erwähnt habe. Fickler wurde von Rastatt nach Mannheim versetzt. Ich sah ihn später einmal an einem Bahnhofe und hätte ihn fast nicht mehr erkannt; sein früher glattrasirtes blühendes fettglänzendes Antlitz war mit einem grauen Vollbarte versehen, den er sich, wie ich erfuhr, im heiligen Lande hatte wachsen lassen, auch in der Kleidung war er nicht mehr der frühere Elegant. Später erzählte mir ein Bekannter, er habe an einem Schwarzwälder Luftkurorte den alten Professor Fickler in der Abenddämmerung vor einem Feldkreuze knieend überrascht. Bald darauf las ich die Anzeige von Fickler's Hinscheiden —. —.

Wir traten also als Freiwillige zur Festungsartillerie, jedoch ohne Uniform. Jeden Tag wurden wir einige Stunden in Bedienung der Festungsgeschütze, meist schwerer 24=Pfünder, eingeübt. Diese schweren Geschütze standen auf eisernen Schienen und waren leicht zu bewegen. Vier Mann waren zur Bedienung nöthig. Mit 1, 3, 2, 4 wurden beim Beginn die Rollen vertheilt. Die Hauptsache war, die Entfernung zu schätzen und darnach die Elevation des Geschützes zu regeln. Doch, das

hatten wir bald los, und viele von uns lechzten darnach, diese theoretischen Kenntnisse auch praktisch verwerthen zu können. Die Gelegenheit hiezu sollte bald
eintreten. Die Preußen rückten jetzt wirklich in's Land,
um der badischen Wirthschaft ein wohlverdientes Ende
zu bereiten. Ueberall wurden Volkswehren errichtet.
Da es mit dem Unterricht am Lyzeum gründlich fertig
war, mußten die auswärtigen Lyzeisten eine Entschei-
dung treffen. Als Freiwillige der Festungsartillerie
zehrten sie von ihrem Gelde. Gingen sie in ihre Hei-
mathsgemeinden, wurden sie mit der Volkswehr gegen
den Feind geschickt. Bei aller Begeisterung für die
Reichsverfassung und die folgende deutsche Republik
wollten sie das doch nicht. Daß Vorsicht der beste
Theil der Tapferkeit sei, wußten sie aus ihren Studien,
und so beschlossen sie, als reguläre Kanoniere bei der
Festungsartillerie einzutreten. So, meinten sie, bleibe
ihre Haut unverletzt, weil die Preußen im Unterlande
der Geschichte schon ein Ende machen würden und zu
einer Belagerung Rastatts es gar nicht kommen könne,
und dann hätten sie freie Verpflegung und täglichen
Sold. Also förmlich zur Festungsartillerie! Da das
Kriegshandwerk nie einen besondern Reiz auf mich aus-
geübt hatte und ich auch nicht die geringste Sympathie
mit der „Bewegung" verspürte, die ich von ihrem Ent-
stehen an studirt hatte, blieb ich weg.

Nach einigen Tagen wurde ich zum Zivilkommissär
zitirt, der mich heftig anschnauzte, warum ich keinen
Dienst thue. Als ich ihm sagte, daß ich ein kränklicher,

kaum dem Tode entronnener Mensch sei, wurde er ruhiger und verlangte ärztliches Zeugniß. Noch am nämlichen Tage brachte ich ihm ein Zeugniß meines Arztes, des Physikus Harsch, des liebenswürdigsten Arztes, den ich in meiner vieljährigen Kranken-Karriere kennen gelernt. Derselbe bezeugte mir, militärischer Nachtdienst könnte für mich tödtlich werden. So wurde ich frei und konnte „so herumlaufen". —

In dieser Zeit hatte das 3. bad. Infanterieregiment sich einen neuen Kommandanten verschafft in der Person des Majors v. Biedenfeld, der als Pensionär in Bühl lebte. Die Soldaten wollten einen regulären Offizier haben, und schickten deßhalb eine Deputation nach Bühl zu Biedenfeld, der früher Major beim Regiment gewesen war. Derselbe hatte die Feldzüge im Anfange des Jahrhunderts mitgemacht und war ein Soldat vom alten Schrot und Korn. Wohl deßhalb, weil er etwas ungefügig war, war er in noch kräftigen Jahren pensionirt worden. Er war nun schwach genug, die Einladung anzunehmen; im Falle der Weigerung hätte er freilich die Flucht ergreifen müssen. Er kam als Oberst des dritten Regiments nach Rastatt, von wo er dasselbe gegen die Preußen und wieder zurückführte. Wir werden später erwähnen, welche Dienste er den Rastattern und — sich selbst leistete.

Auf Befehl der provisorischen Regierung waren draußen in den Gemeinden die Volkswehren gebildet worden, die theils zum Lokaldienst, theils gegen den Feind verwendet wurden. Die wenigsten waren unifor=

mirt; die Führer waren durch schwarz=roth=gelbe Schär=
pen und wenn möglich durch einen Schleppsäbel, hie
und da auch durch Pistolen im Gürtel ausgezeichnet.
Manches dieser tapfern Fähnlein habe ich in Rastatt
einrücken sehen. Als einmal eine solche Abtheilung ein=
rückte, rief der joviale Professor Fickler zum Museums=
garten heraus: „Landolin!“ Alsbald drehten sich
mehrere Köpfe. „Die sind aus der Gegend von Etten=
heim, sagte Fickler, hab's gleich gedacht.“

Die provisorische Regierung, bei welcher Amand
Gögg von Renchen, ein Rechtspraktikant, als Kriegs=
minister fungirte, suchte durch öffentliche Ausschreiben
Offiziere und Soldaten zu gewinnen. Eine Menge
„militärischer Talente“ folgten dem Aufruf. Aus aller
Herren Länder strömten sie herbei, Leute, die eigens in
Revolution machten und überall dabei waren, wo es
losging, verzweifelte Existenzen und Vagabunden, die
ihr Brod suchten und theilweise bei einer solchen Gele=
genheit im Trüben zu fischen hofften. So wurden wir
von einigen „Legionen“ heimgesucht, von einer Schweizer=,
Rheinbayerischen und Polnischen Legion. Zum Ober=
kommandanten über alle badischen Streitkräfte wurde der
Pole Mieroslawski ernannt, der in der polnischen
Revolution sich ausgezeichnet haben sollte. Er war
zwischen 30 und 40 Jahre alt, ein schöner großer
Mann mit blondem Vollbarte, blühender Gesichtsfarbe,
etwas gebeugter Haltung und sprach nur französisch.
Er trug blauen Waffenrock mit goldgesticktem Kragen,
rothe Hosen, goldene General=Epaulets, mit Gold be=

ſetztes Käppi und an goldenem Wehrgehänge Pallaſch
mit leichtem Schleppſäbel. In ſeinem Gefolge waren
in der Regel auffallend viele Adjutanten. Die badiſchen
Truppen mit ſammt den Legionen wurden hinunter ge=
ſchickt an den Neckar, um die anrückenden Preußen vom
Lande abzuhalten. In der Feſtung verblieb von badi=
ſchen Truppen nur die Feſtungsartillerie. Bald kamen
die günſtigſten Nachrichten vom Kriegsſchauplatze, zum
Beweiſe wurden auch der preußiſche Major von Hinder=
ſin und ein mecklenburgiſcher Hauptmann als Gefangene
eingeliefert. Dieſelben waren auf dem Kirchthurme in
Ladenburg, wo ſie die feindlichen Bewegungen beobach=
teten, gefangen genommen worden. (Oberſt-Kommandi=
render des „Feindes“ war der Prinz von Preußen,
unſer gegenwärtiger Kaiſer.)

Eines ſchönen Tages kehrten die Hoboiſten des 3.
Regiments, lauter ergraute Künſtler, die in Raſtatt wie
daheim waren, vom Kriegsſchauplatze zurück. Sie gaben
vor, heimgeſchickt worden zu ſein, weil man ſie nicht
brauche, ihren Zechbrüdern theilten ſie jedoch im „tiefſten
Vertrauen“ mit, daß es drunten ſchief gehe und daß
ſie eigentlich ausgeriſſen ſeien. Sie wollten ihr Leben
der Kunſt erhalten und ihre verſchiedenen Stammwirthe
nicht der Trauer ausſetzen, durch Nachrichten über ihren
Tod tief erſchüttert zu werden. Als ihre vertraulichen
Mittheilungen ruchbar wurden, trieb man ſie wieder
auf den Kriegsſchauplatz. Ob ſie ſich wirklich wieder
dorthin begaben, weiß ich nicht. Als ab und zu wieder
Einer derſelben in Raſtatt ſich ſehen ließ, wurde er

alsbald als Unglücksvogel betrachtet. — Uebrigens hielt
ein Theil der badischen Truppen, das 3. Regiment unter
v. Biedenfeld und die Feldartillerie, sich vortrefflich,
auch die Schweizer Legion soll sich einmal ausgezeichnet
haben. Eine Abtheilung Preußen war durch das Rhein=
bayerische vorgerückt, ging bei Germersheim über den
Rhein, um die Unsrigen im Rücken zu fassen. Bei
Waghäusel kam es zu einem Gefechte, das für die
Preußen sehr blutig geworden sein soll. Eine Kom=
pagnie des 3. Regiments, geführt von Hauptmann Bi=
schof, einem alten biedern Schnauzbart, dessen Brust
mit mehreren Kriegsauszeichnungen geschmückt war, und
den seine Soldaten vom beliebten Oberfeldwebel zum
Hauptmann befördert hatten, hat sich besonders ausge=
zeichnet, freilich nicht zum Vortheile ihres Hauptmanns.
Als einmal eine Abtheilung preußischer Reiterei in Sicht
kam, kommandirte Bischof seine Leute zu beiden Seiten
der Straße in die Gräben und Kornfelder; als die
schwarzen Husaren mit dem Todtenkopf auf der Pelz=
mütze günstig im Schuß waren, kommandirte er Feuer,
wodurch die Reiter stark beschädigt und zur Umkehr ge=
nöthigt wurden. Prinz Friedrich Karl von Preu=
ßen, der im letzten Krieg den Marschallstab sich errungen,
war damals als junger Offizier bei jener Schwadron
und erhielt einen Schuß in einen Arm. Nach Ueber=
gabe der Festung sah ich den Prinzen, den Arm immer
noch in der Schlinge tragend. Es wurde geforscht,
welche Kompagnie auf die schwarzen Husaren geschossen,
und Bischof war bald entdeckt. Er kam nicht vor das

Standgericht, war aber lange in Haft. Als sein Sohn, der vor einigen Jahren in Freiburg als geistlicher Professor gestorben, in der Rastatter Klosterkirche die erste hl. Messe feierte, durfte der alte Bischof, aber nur unter scharfer Bewachung, der hl. Handlung anwohnen. Er ist später irgendwo Kasernenverwalter geworden und schon lange zu den Vätern versammelt. Er war ein braver Mann, der vom Strudel fortgerissen wurde, dann aber den Soldaten nicht verleugnen konnte. Wenn der Feind kam, mußte regelrecht geschossen werden.

Die Oberfeldwebel waren damals durchweg alte respektable Männer. Es hieß damals, der Hauptmann sei der Vater, der Feldwebel die Mutter der Kompagnie. — Die Tapferkeit einzelner Truppentheile konnte natürlich bei der Unfähigkeit der meisten Führer gegen die taktische und numerische Uebermacht der Preußen Nichts ausrichten. Nicht blos von der Pfälzer Seite, sondern auch von der württembergischen Grenze her sollten unsere Truppen umgangen werden. Es geschah wirklich wie durch ein Wunder, daß sie dieser eisernen Umarmung entrannen und durch einen noch freien Winkel entschlüpften. Später war dann großes Gerede von dem „kühnen Flankenmarsch", durch welchen Mieroslawski die Armee gerettet habe. Uns in Rastatt wurde die Rückwärtskonzentration beharrlich verheimlicht, dagegen erhielten wir glänzende Siegesbulletins. In großer Anzahl zogen zwar einzelne Marodeurs von der Linie und Bürgerwehr abgerissen und niedergeschlagen das Land aufwärts. Unsere tapfere Bürgerwehr bewachte jedoch die Straßen und

trieb die armen Teufel unbarmherzig wieder landab=
wärts. Hie und da kamen sie jedoch an den Letzen;
solche verzweifelte Leute spannten mitunter gegen die
tapferen glatten Bürgerwehrmänner den Hahnen, und
das wirkte. („Glabst' denn, daß die Bürgerwehr mit=
ging, wenns gefährlich wär?" hat Nadler gesungen.)

Der eigentliche Stand der Sache konnte nicht mehr
lange verheimlicht werden, da Flüchtlinge der Linie und
der Volkswehr schaarenweise eintrafen. Am 25. Juni
hatte die provisorische Regierung Karlsruhe verlassen
und sich in's Oberland zurückgezogen. Am nämlichen
Tage trafen die Ueberreste der badischen Aufstandsarmee
in fluchtähnlicher Retirade in Rastatt ein. „Wer kennt
die Völker, kennt die Namen, die alle hier zusammen=
kamen?" Welch einen Anblick boten diese bunten trau=
rigen Ueberreste! Menschen und Pferde lagen massen=
weise todtmüde auf dem Straßenpflaster wirr durchein=
ander, der Soldat seinen Tornister, wenn da war, als
Kopfkissen benützend, der Dragoner neben seinem Pferde,
das alle Viere hinausstreckte. Es war ein Jammerbild.
Für die Nacht wurden die Freischaaren in öffentlichen
Gebäuden und in Privathäusern untergebracht. In den
Lehrsälen und Gängen des Lyzeums wurden Legionäre
auf Stroh gebettet, die als Andenken verschiedene Schma=
rotzerthierchen in großer Anzahl zurückließen. Diese
Leute glaubten sich nun hinter den Wällen und Mauern
der Festung vor den bösen Preußen geborgen. Am
andern Tage (26. Juni) rasselte lange der General=
marsch durch die Straßen und rief die zerstreuten

Schaaren zur Sammlung. Auf einer großen Wiesen=
fläche zwischen dem Kehler und Ottersdorfer Thore hielt
Mieroslawski Heerschau über die Trümmer seiner Armee,
die damals noch auf etwa 20,000 Mann geschätzt
wurde, die Weiber nicht gerechnet. Solche waren näm=
lich auch dabei. Was war das für eine Armee! Unsere
badischen Soldaten sahen noch ziemlich respektabel aus,
obwohl ihre Uniformen stark strapazirt waren. Aber
die Freischaaren! Schade daß kein Maler dieselben,
wenigstens in ihren Typen, der Nachwelt im Bilde über=
liefern konnte. Vor einer Legion, ich weiß nicht mehr
vor welcher, ritt eine üppige Weibsperson, eine rothe
Feder auf dem Heckerhute, Brille auf der Nase, ange=
than mit einem Reitkleide aus schwarzem Sammt, im
rothen Gürtel zwei Pistolen, an der Seite einen Schlepp=
säbel, und — hinter ihr reitend ein badischer Dragoner
als Ordonnanz! Welche wohlverdiente Schmach! Ihren
Offizieren mochten sie nicht mehr folgen, jetzt wurden
sie Trabanten wildfremder Abenteurer und verächtlicher
Dirnen. Fast in jedem Zuge der Freischärler marschirte
eine freche Dirne als sog. Marketenterin. Der Labe=
trunk, den sie kredenzten, hatte einen abscheulichen Katzen=
jammer im Gefolge, wie mir später ein Militärarzt
mittheilte.

Um mit diesen Bestandtheilen der Armee, die „für
Deutschlands Einheit" auf dem Plane erschienen, gleich
fertig zu machen, theile ich noch deren nächste Helden=
thaten und Erlebnisse mit. Da sie nicht blos moralisch,
sondern auch äußerlich stark abgerissen waren, suchten

sie sich durch Plünderung mit Hilfe ihrer Louis neu zu
equipiren. So plünderten sie u. A. die Garderobe der
Damen des geflüchteten Gouverneurs. Als die Preußen
später abrechneten, stellten sie diese Geschöpfe nicht vor
ein Kriegsgericht, aber sie ließen dieselben, wie vielfach
versichert wurde, mit Ruthen streichen. Ich habe nie
gehört, daß Jemand solche Züchtigung für inhuman ge=
halten hätte. — Doch kehren wir zur Legion zurück.
Der Fahnenträger derselben ist mir unvergeßlich. Er
war ein alter kleiner struppiger Kerl, hatte seinen
Karakterkopf mit einer erbeuteten preußischen Pickelhaube
bedeckt, war angethan mit einer abgeblaßten blauen
Blouse und leinenen grauen Hosen, die unten in Franzen
um die dünnen Beine herumschlappten; im rothen Gürtel
hatte er eine Pistole, an der Seite einen kolossalen
Schleppsäbel. Die Fahne trug er mit einer Grandezza,
als ob er einer der höchsten Würdenträger des Reiches
wäre. Verwitterte Graubärte schritten da neben blassen
blutten Jungen. Von Uniform keine Spur. Die rhein=
bayerischen Legionäre, welche das größte Gekreisch ver=
führten, hatten einige Frohnleichnams=Kanönchen bei sich,
auf welche sie sehr martialisch blickten. Nur schade,
daß sie dieselben nicht verwenden konnten, weil sie keine
passenden „Kucheln" fanden.

Mieroslawski hielt mit seinen zahlreichen Komman=
danten, Adjutanten und Generalstabsoffizieren Kriegs=
rath, in welchem beschlossen wurde, dem Feinde noch=
mals entgegen zu treten. Adjutanten, Galopins, Or=
bonnanzen sprengten unaufhörlich durch die Straßen.

Die Murglinie sollte vertheidigt werden. Von Kuppen=
heim bis Forbach wurde die Murg mit Freischaaren
und Linientruppen besetzt. Die Festung war noch durch
den zwischen Rastatt uub Muggensturm gelegenen Nie=
berwald gedeckt, an dessen äußerster Grenze der Feder=
bach vorbeischlängelt. Dort wurden Verhaue gemacht,
die Feberbrücke wurde, nachdem weiter unten die Straße
abgegraben, verbarrikabirt. Außerdem wurde die Zeit
noch ausgenützt, um Proviant herbeizuschaffen. Unser
Komlossy plünderte das Landgut des Markgrafen Wil=
helm in Rothenfels und trieb eine große Anzahl statt=
licher Kühe in die Festung. Aus dem Oberlande wurde
Wein herbeigeschafft, der bedeutenden Schwund erlitt,
ehe er eingekellert wurde. —

In dieser Zeit war die Jagd auf S p i o n e an
der Tagesordnung. Bei dem unbezweifelbaren Hel=
denmuthe sämmtlicher Kämpfer „für Deutschlands Ein=
heit" war es sonnenklar, daß sie die Schläge nur
in Folge verschiedener Verräthereien erhalten hatten;
jetzt waren zahlreiche Spione thätig, um ihnen den
Lorbeer zu rauben. Damals habe ich das Wort
Schillers begriffen: „Der schrecklichste der Schrecken
ist der Mensch in seinem Wahn." Die Szenen, die
sich jetzt abspielten, sind haarsträubend. — An einem
schönen sonst ruhigen Nachmittag sah ich aus dem
Schloßhofe einen Blusenmann herabrennen, der von
mehreren Soldaten mit blanken Waffen verfolgt wurde;
so schnell der Verfolgte in seiner Verzweiflung auch
rannte, die Wüthenden kamen ihm immer wieder auf

die Fersen und hieben mit ihren Waffen auf ihn ein.
Ich sah dieser entsetzlichen Jagd nach, bis dieselbe um
eine Straßenecke bog. Nachgehen mochte ich nicht und
begab mich, ich weiß nicht mehr warum, auf den Kirch=
hof. Als ich nach geraumer Zeit denselben verlassen
wollte, kam ein militärischer Deckelwagen angerasselt,
auf welchem ein mit einem badischen Soldatenmantel
bekleideter Freischärler rittlings saß, ein Gewehr hal=
tend, ein Rudel Soldaten hinterher. Der Wagen
wurde geöffnet, man warf die Leiche des obengenannten
Blusenmannes heraus. Welch ein Anblick! Das war
kaum mehr eine menschliche Gestalt, sondern ein blutiger
Fleischklumpen, gräßlich zerhauen und zerfetzt. Und An=
gesichts dieser Leiche fingen die Unmenschen, wahre Ka=
nibalen, miteinander Streit an, wer dem Spion den
Garaus gemacht habe. Der brutale Kerl, der wie ein
Triumphator auf dem Wagen gesessen, nahm diese Ehre
für sich in Anspruch und schien bereit, dieselbe mit seinem
Gewehre zu vertheidigen. Wie ich später erfuhr, war
der Gehetzte in der Verzweiflung in das Schaufenster
eines Kaufladens hineingerannt, den Verfolgern aber
wieder entronnen und endlich aus vielen Wunden blu=
tend zusammengebrochen. Vergeblich bat er um einen
Priester, um sich zum Tode vorzubereiten. Ein Schuß
in den Kopf war die Gnade, die er noch erhielt. Der
Unglückliche war ein Rheinbayer und war von seinen
eigenen Landsleuten als Spion verschrieen worden.
Jenen entsetzlichen Kerl mit dem Gewehre, der mir jetzt
noch lebendig vor der Seele steht, sah ich später unter

den Festungsgefangenen öfter Schubkarren ziehen. Seine
Blutthat scheint dem Gerichte nicht bekannt geworden
zu sein. —

Im Schloßhofe lagen viele Geschützröhre und Ka-
nonenkugeln pyramidenförmig aufgehäuft. Es war damals
gefährlich, diese Kriegsbedürfnisse längere Zeit aufmerksam zu betrachten, da irgend ein besoffener Kanonier
schnell bereit war, darin Spionage zu wittern. Wurde
doch einmal eine alte Bauernfrau ergriffen, weil sie den
Versuch machte, Kanonen zu zählen. Sie wurde freilich
bald wieder freigelassen. Die Wüthenden bedachten
nicht, daß die Preußen draußen viel besser wußten, als
sie, wie viel Geschütz und Munition in Rastatt war.

In Kehl wurde der jüdische Sprachlehrer Weil von
Karlsruhe verhaftet, weil er mit einer gewissen Dring-
lichkeit einen Nachen zur Ueberfahrt über den Rhein
verlangt hatte. Man fand ein Schreiben bei ihm, in
welchem der französische Gesandte in Karlsruhe dem
Straßburger Präfekten die Besetzung der Residenz durch
die Preußen anzeigte. Deßhalb wurde er als „Spion"
nach Rastatt spedirt und in Bastion XXX, in welcher
einst Strube gesessen und in welcher jetzt die zwei preußischen Offiziere gefangen saßen, eingesperrt. — Dem
vorhin erwähnten ermordeten Blusenmann war nachgesagt worden, er sei ein verkleideter preußischer Offizier
gewesen. Nun mußte auf einmal die ganze Festung
von solchen verkleideten preußischen Spionen wimmeln,
und der in Bastion XXX sitzende preußische Major
Hindersin wurde mit dem Spionen-Komplot in Ver-

binbung gebracht. Auf biesen wurde nun die blut=
bürstige Menge von ben Agitatoren gehetzt, wahrschein=
lich, um nach solchen Greuelthaten jegliche Umkehr
unmöglich zu machen. Am 27. Juni Nachmittags wälzte
sich ein Haufen Soldaten und Freischärler mit einigen
Rastatter Einwohnern vermischt nach Baftion XXX
(gegen Niederbühl gelegen) und verlangte die preußischen
Offiziere heraus. Der wachhabende Pionier hatte Geistes=
gegenwart genug, zu sagen, die Schlüssel seien nicht da.
Dadurch wurde der erste Anprall abgewiesen. Gegen
Abend aber kehrten sie mit Verstärkung zurück, darauf
eingerichtet, die Gefängnißthore zu sprengen. In biesem
kritischen Augenblicke warf sich ein Rastatter Bürger,
Gerber Großholz, in's Mittel. Mit einbringlichen
Worten machte er auf die Folgen einer solchen Greuel=
that aufmerksam; noch seien Rastatter Bürger in preu=
ßischer Gefangenschaft, wie werde es biesen ergehen,
wenn die Kunde einer solchen That in's preußische Lager
käme. Diese Worte retteten den kriegsgefangenen Offi=
zieren das hart bedrohte Leben. Aber der stürmische
See wollte sein Opfer haben. Plötzlich ertönt der Ruf:
„Aber der Jude muß heraus!" Da half nichts mehr,
der Jude Weil wurde der blutgierigen Bande preisge=
geben. Wer vermöchte das nun sich gestaltende entsetz=
liche Bild zu beschreiben! Baarhäuptig wurde Weil fort=
geschleppt von einem wirren Knäul Bewaffneter, die ihre
Säbel, Faschinenmesser und Bajonette unaufhörlich über
dem kahlen Haupte des Gefangenen kreuzten. Von einem
Walde von Waffen war er umgeben. Der haufenweise

sich nachdrängende Pöbel verlangte brüllend den Tod
des Verräthers. Zweimal war es mir möglich, das
Antlitz des Aermsten zu sehen. Mit irrem Blicke und
bitter lächelndem Munde sprach er zu seiner nächsten
Umgebung, ich verstand nicht, was. Der höllenmäßige
Lärm wurde nur immer toller. Ob er im Waffenge=
klirr den hundertfachen Ruf: „Schlagt ihn todt den
Hund!" hörte, weiß ich nicht. Nicht unerwähnt will ich
lassen, daß verschiedene Offiziere und Freischaarenführer
sich vergebens bemühten, die rasende Menge zu beschwich=
tigen; sie wurden selbst mit dem Tode bedroht. Ich
dachte bei mir damals: alle diese Bluthunde sind ge=
taufte Menschen und benehmen sich wie Kanibalen. Wie
wenig ist noch das Christenthum mit seiner segensreichen
Kraft in die Massen gedrungen! — Ich brachte es
nicht über mich, diesem schrecklichen Zuge länger zu
folgen. Weil hat hundertfache Todesangst ausstehen
müssen. Von Bastion XXX bis zu dem Orte, wo er
endlich hingerichtet wurde, sind es gut 20 bis 30 Mi=
nuten; sein Leidensgang hat wohl eine Stunde gewährt.
Verwundet wurde er unterwegs nicht; in einem Festungs=
graben in der Nähe des Kirchhofs machten einige Ge=
wehrschüsse seinem Leben ein Ende. Zwischen Tag und
Dunkel kehrte die Bande nach vollbrachter Missethat
in die Stadt zurück. — Es ist kein Wunder, wenn nach
solchen Vorgängen die Einwohnerschaft von Entsetzen
erfüllt wurde. Personen von einigem Ansehen, die mit
der „Bewegung" nicht einverstanden waren, hielten ihr
Leben nicht mehr für sicher, Viele, deren Verhältnisse

4

es irgend gestatteten, verließen die Festung, wenigstens
schafften sie Frau und Kinder fort. Auch unser Direktor
Scharpf zog ab.

Im Gasthofe zum Kreuz waren einige „Reaktionäre"
aus Baden und dem Murgthal, Beamte, Geistliche und
Private, in Haft, welche das greuliche Trauerspiel an
ihren Fenstern vorüberziehen sahen; ein Glück für sie,
daß damals Niemand an sie dachte.

Einer dieser damaligen gefährlichen Gefangenen, Hr.
Pfarrer Vivell in Biberach, damals Kaplan in Baden,
hat die Freundlichkeit gehabt, mir einige Notizen über
seine Gefangenschaft mitzutheilen. Sonntag den 24.
Juni war er in Baden, unmittelbar nach dem Gottesdienste, auf Befehl des Zivilkommissärs Wolf, verhaftet
und auf das Rathhaus geführt worden, wo er als
weitere Arrestanten die HH. Amtsrichter Chelius, den
pensionirten Kriegskommissär Heunisch und den Be-
zirksförster Kißling antraf. Dazu kam noch der
greise Professor Eckerle, der als Pensionär in Baden
lebte und den man gerade aus dem Bett geholt hatte.
Als der alte Mann, einen Arm in der Schlinge tragend, vor den Zivilkommissär geführt wurde, brach er
in Thränen aus. Der Zivilkommissär erklärte, er habe
vom Ministerium den Befehl erhalten, einige Einwohner
von Baden gefangen nach Rastatt zu liefern; dort würden sie den Grund dieser Maßregel erfahren. In
Rastatt konnte oder wollte jedoch Niemand ihnen Aufschluß geben. Der Gouverneur Greiner gestattete ihnen,
sich im Gasthofe zum Kreuz einzuquartieren. In der

folgenden Nacht bekamen sie noch folgende Leidensge=
noffen aus dem Murgthale: Pfarrer Weingärtner
aus Weiffenbach, Förfter Bachmann von da, Schloß=
verwalter Fels von Eberftein mit feinem Schwieger=
vater, Amtmann Dill, Bezirksförfter Eichrodt, Amts=
revifor Herbfter, Diakonus Kaifer und Lehrer Buh=
linger von Gernsbach. Als im Laufe des Montag
„Diktator" Gögg im Kreuz eintraf, ließen ihn die Ge=
fangenen zu fich bitten. In elegantem fchwarzem An=
zuge, gegürtet mit rother Schärpe, einen Degen an der
Seite und einen Klapphut unter dem Arm trat der
junge Diktator in ihre Mitte. Amtsrichter Chelius
erinnerte an eine Beftimmung der Reichsverfaffung, nach
welcher jedem Verhafteten innerhalb 24 Stunden der
Grund feiner Verhaftung mitgetheilt werden müffe; fie
feien fchon mehr als 30 Stunden verhaftet und wüßten
noch keinen Grund. Der Diktator geftand, daß er den
Grund ihrer Verhaftung auch nicht kenne; die Regie=
rung habe ihren Sitz nach Freiburg verlegt, wohin er
fich morgen auch begeben und dann mit feinen Kollegen
Rückfprache nehmen werde. Zum Beweis feiner gnädi=
gen Gefinnung geftattete er den Gefangenen, ihre
Frauen kommen zu laffen, was für meinen Gewährs=
mann allerdings ein fchlechter Troft war. Nachdem
Gögg noch gefragt, ob fie fonft noch etwas zu wünfchen
hätten, erhob fich der alte penfionirte Kriegskommiffär
Heunifch, ftemmte feine Fäufte auf den Tifch und fprach
mit gewaltiger Stentorftimme: „Ja, Herr Diktator, ich
habe noch einen Wunfch; wenn Sie nach Freiburg

4*

kommen, sagen Sie dort dem Finanzminister Heunisch,
er solle demjenigen, der seinen alten Vater habe ver=
haften lassen, eine Kugel durch den Kopf schießen!"
Gögg fragte den erregten Mann mit fast schüchternem
Tone, wer er denn sei. „Ich bin der pensionirte Kriegs=
kommissär Heunisch, der Vater des gegenwärtigen Finanz=
ministers Heunisch. Dieser Mensch (heftig den Stuhl
auf den Boden stoßend) hat mir schon mehr Verdruß
gemacht, als er werth ist." — Gögg bewirkte dann,
daß die Gefangenen nach Freiburg verbracht wurden,
wo ihnen Quartier im „Wilden Mann" angewiesen
wurde. Dort führte damals das Regiment ein gewisser
Damm, ehemals katholischer Geistlicher, nun Präsident
des Landesausschusses. Als Studiengenosse des Pfarrers
Weingärtner war er den Gefangenen gnädig, wohl auch
in Anbetracht, daß seine provisorische Herrlichkeit nun
doch ihrem Ende nahe sei. Er ließ die Vielgeängstigten
frei. — Mein freundlicher Gewährsmann besitzt noch
folgenden Laufpaß:

**Die provisorische Regierung für Baden mit
diktatorischer Gewalt.**

Freiburg, 30. Juni 1849.

Dem Bürger Valentin Vivell, Kaplan zu Baden,
welcher zu Baden als Geisel verhaftet wurde, wird
hiemit beglaubigt, daß derselbe durch den Präsidenten
der Landesversammlung für Baden, welcher hiezu unbe=
dingte Vollmacht von dem Ministerium des Innern er=
hielt, heute zu Freiburg freigelassen wurde gegen die
Versicherung auf Ehrenwort, nichts Feindseliges gegen

die jetzige Landesregierung unternehmen zu wollen, so lange dieselbe im Besitze der obersten Gewalt ist. Damm.

Eine Versuchung, dieses Ehrenwort zu brechen, konnte freilich nicht eintreten, da die damalige Landesregierung nicht mehr lange im Besitz der obersten Gewalt war, sondern sehr bald über die Basler Rheinbrücke sich in die freie Schweiz zurückzog. (Obgenannter Damm wurde in der „neuen Aera" Badens Direktor einer Mittelschule.) Bemerkenswerth ist, daß die genannten Herren als „Geiseln" benützt werden sollten, die ungemüthlichste Stellung, die es geben mag. —

Am 29. Juni, an Peter und Paul, wurde bei Rastatt die Entscheidungsschlacht geschlagen. Früh morgens begab ich mich auf die Plattform des Schlosses, das auf dem erhöhten alten Rheinufer gelegen, die Gegend beherrscht, zum „goldenen Mann", d. i. der vergoldeten Statue des heidnischen Donnergottes Jupiter. Dieser Aufstieg konnte in jenen Tagen der goldenen Freiheit ungehindert geschehen. Bald hatte sich zahlreiche Gesellschaft dort oben eingefunden. Frieblich lagen vor uns die weiten goldigen Kornfelder der Harbt, es war ein herrlicher Sommermorgen. Mächtige Staubwolken in der Ferne verkündigten das Heranrücken der feindlichen Heerschaaren. Bald konnte man mit dem Fernglase Reiterei und Fußvolk unterscheiden. Es dauerte nicht lange und man sah plötzlich blaue Rauchwolken aufsteigen, einige Sekunden nachher traf der Donner der preußischen Feldgeschütze unser Ohr. Ich sollte nicht lange die Entwickelung einer Feldschlacht beobachten

dürfen, da Offiziere erschienen, welche uns unberufene
Zuschauer hinabtrieben, weil sie im Dienste dort den
Fortgang des Gefechts zu beobachten hatten. Im Murg=
thale wurde die Murglinie vertheidigt, hier handelte es
sich vorzüglich um die Vertheidigung des durch Verhaue
und Schanzen verstärkten Federbachs. Fortwährend rollte
der Donner der Geschütze. Adjutanten und Ordonnanzen
galopirten auf schaumbedeckten Pferden durch die Stra=
ßen, ab und zu kam ein Wagen mit Verwundeten.

Nachmittags begab ich mich auf einen Festungswall
in der Nähe des Karlsruher Thores, von wo man die
Landstraße nach Karlsruhe, die durch den Niederwald
führt, beobachten konnte. Bald fand sich dort der
Oberbefehlshaber Mieroslawski mit einem Adjutanten
zu Pferde ein und richtete sein Fernrohr nach dem Nie=
derwalde. Ich stand kaum zehn Schritte von ihm ent=
fernt. Auf der Karlsruher Straße sprengten in Einem
fort Ordonnanzen hin und her, Munitionswagen rassel=
ten hin und zurück, dazu das beständige Gewehrgeknatter
und Donnern der Feldgeschütze. Auf einmal kam eine
ziemliche Anzahl badischer Dragoner fluchtähnlich vom
Gefechtsschauplatz der Festung zugesprengt, ventre à
terre, wie der Franzose sagt (den Bauch des Pferdes
auf dem Boden), als ob die Preußen ihnen schon auf
den Fersen wären. Mieroslawski gestikulirte heftig mit
den Armen und schrie wiederholt: Attaquez Cavallerie!
(Reiterei greif' an!) Aber diese Kavallerie fragte nichts
nach dem Gefuchtel und nach dem französischen Fluchen
des Polacken, wie ihn die Badischen nannten; nur fort,

laufſt bu nicht, ſo gilt es nicht. Mieroslawski wanbte
ſein Rößlein unb ſprengte ber Stabt zu. Ich blieb
noch eine Zeit lang unb beobachtete bie Retirabe. Das
war ein wilbes Durcheinanber. Der Feinb hatte ben
Feberbach überſchritten, unb wurbe nur burch bie großen
Feſtungsgeſchütze, bie zum erſtenmal zu ſpielen anfingen,
an Verfolgung ber Unſrigen gehinbert. Es war ein
gewaltiges Dröhnen, bas alle Fenſterſcheiben ber Stabt
erzittern machte. Es muß unter ben Führern zu hef=
tigen Erörterungen gekommen ſein, benn Abenbs ziem=
lich ſpät rückte Biebenfelb mit bem britten Regimente
nochmal in ben Nieberwalb, unb es gelang ihm auch,
in heißem Kampfe bie Preußen wieber zurückzuwerfen.
Aber merkwürbiger Weiſe kehrte er nach errungenem
Siege mit ben Seinigen in bie Stabt zurück, bas
Felb bem geſchlagenen Feinbe überlaſſenb.

Dieſer tapfere Ausfall hatte keinen anbern Erfolg,
als eine ziemliche Anzahl Verwunbeter, bie auf mit
Stroh belegten Wagen ächzenb hereingeführt wurben.
Beim Rathhauſe traf ich Reſte ber Freiburger akabe=
miſchen Legion, bie am folgenben Morgen bei Kup=
penheim ben Preußen ben Murgübergang ſtreitig machen
ſollte, natürlich nicht allein. Die Kampfluſt ber Aka=
bemiker war nicht gerabe brennenb, mit Ausnahme eines
bayeriſchen Theologen. Er war ein prächtiger Schwabe
aus bem Allgäu, mit blühenbem Geſichte unb wallenbem
ſchwarzem Haupthaare. „Morgen werben wir ber Frei=
heit Hekatomben opfern", ſagte er mit zuverſichtlichem
Pathos. Am folgenben Tage wurbe bieſe akabemiſche

Legion hinter den Murgdamm von Kuppenheim postirt.
Unser tapferer Schwabe streckte den Kopf über den
schützenden Damm heraus, um nach dem Feinde zu
spähen, als er plötzlich lautlos zu Boden stürzte. Eine
preußische Spitzkugel hatte ihn in den Kopf getroffen
und dem jungen Leben ein jähes Ende bereitet. So
wurde aus der Hekatombe für die Freiheit Nichts, denn
die übrigen akademischen Legionäre waren nicht so enthu=
siastisch, wie der unglückliche Schwabe und nahmen nach
diesem Opfer Reißaus. Ein Theil wendete sich Dos zu,
um das gemüthliche Freiburg zu gewinnen, die übrigen
waren dumm genug, sich nach Rastatt in die Mausfalle
zu begeben. — Am 30. Juni rückten die Preußen über
die Murg und damit war das Schicksal der Festung
und des badischen Aufstandes besiegelt. Am Nachmittag
zog Mieroslawski mit Gefolge und der Kriegskasse zum
Kehler Thore hinaus, angeblich um bei Dos die Streit=
kräfte gegen die Preußen zu sammeln. Auch andere
Feinfühlige machten sich davon, nachdem vorher das
Schloß noch geplündert und namentlich türkische Waffen,
vom „Türkenlouis" herrührend, mitgenommen worden
waren. Auch dem Volkstribun Komlossy gelang es
noch zu entkommen. (Er soll später in New=York eine
Kneipe zur „Festung Rastatt" gehalten haben.) Die
badische Wachmannschaft am Kehler Thore wurde jedoch
bald mißtrauisch und ließ Niemanden mehr hinaus.
„Wir müssen auch dableiben", hieß es. Am 1. Juli,
es war ein Sonntag, war die Festung eingeschlossen.

Die Belagerung.

Unter der Belagerung von Rastatt hat man sich nicht eine regelrechte Belagerung vorzustellen, wie sie z. B. Straßburg im Jahre 1870 auszustehen hatte, sondern nur eine Einschließung zum Zwecke der Aushungerung, mit der dann allerdings auch eine Beschießung der Stadt (nicht der Festung) verbunden wurde. Zu einer förmlichen Belagerung war das preußische Korps unter General von der Gröben, der sein Hauptquartier in Kuppenheim hatte, gar nicht eingerichtet. Aber auch so war sie uns Rastattern unangenehm genug. Wir waren eben in Gefangenschaft, die uns den Werth der Freiheit hochschätzen lehrte. Der schöne blaue Himmel und die nahen Berge machten nicht den erfreuenden Eindruck wie sonst, eben weil man wußte, daß man in die Festungsmauern gebannt war. In nächster Nähe standen reich gesegnet die wogenden Kornfelder, aber die Eigenthümer wußten nicht, ob sie den Lohn ihrer Arbeit auch einheimsen könnten. Dazu kam das peinliche Gefühl der Unsicherheit in der Festung selbst. Wir waren ja nicht blos von außen, sondern

auch, und vielleicht mehr noch, von innen bedroht. Die
Gewalt lag ja nicht in der Hand eines Einzigen, sondern bei einer bunten leidenschaftlich erregten, zum Theile
verzweifelten Mässe. Gleich die Vorgänge der ersten
Tage waren nichts weniger als vertrauenerweckend. Die
verschiedenen Freischärler oder Legionäre waren durchweg elend abgerissen und wollten sich neu equipiren,
was ihnen nicht zu verdenken war. Eine zerrissene
Bluse gewährte doch nicht hinlänglichen Schutz gegen
die Kühle der Nächte. Die Tuchvorräthe des badischen
Monturmagazins in Ettlingen waren nach Rastatt verbracht und im Schloß niedergelegt worden. Dorthin
begaben sich nun die Freischärler schaarenweis und holten,
was sie zur Deckung ihrer Blöße für nöthig erachteten.
Kaum hatten das die badischen Soldaten bemerkt, als
ihr alter Grimm gegen die Freischärler wieder aufloderte
und ihr badischer Partikularismus sich regte. „Das Tuch
gehört uns", war das Feldgeschrei, unter welchem sie
die Legionäre wegzutreiben suchten. Diese aber wehrten
sich wie Verzweifelte und konnten erst zu Paaren getrieben werden, als ein Artillerist die im Schloßhofe
aufgepflanzte Alarmkanone gegen das Kleidermagazin
richtete und losbrannte. Beati possidentes! Glücklich,
die bereits einen Fetzen erobert hatten. Schneider und
Modejournal wurden zur Verwendung der erbeuteten
Stoffe allerdings nicht in Anspruch genommen. Hemden
und Mäntel wurden auf die einfachste Weise von der
Welt hergestellt. In ein Leintuch wurden drei Oeff-
nungen geschnitten, um Kopf und Arme durchstecken zu

können und das Hemb war fertig; ebenso wurden aus dem weißwollenen badischen Manteltuche Mäntel impro= visirt, die sich wirklich recht malerisch ausnahmen. Schade, daß nicht einige in solche Mäntel gehüllte Prachtexem= plare gemalt wurden. Ich glaube, daß auch Herr Otto von Corvin=Wiersbitzki aus badischem rothem Auf= schlägetuch seine imposanten rothen Beinkleider fertigen ließ. — Der Zwiespalt zwischen Soldaten und Frei= schaaren war nun feierlich konstatirt, was keineswegs beruhigend auf die Einwohnerschaft wirken konnte. Was die Verproviantirung betrifft, so waren in den Militär= magazinen noch ziemliche Vorräthe von Mehl und Rauch= fleisch, und die meisten Einwohner hatten vor Schluß der Festung sich noch einige Speisevorräthe beigelegt.

Am Morgen des 1. Juli wurden die Rastatter durch ein Plakat unterrichtet, wer nun Gewalt über sie habe. Ein Oberst Tiebemann, von dem man bisher nichts gehört hatte, verkündigte, daß er von dem „Bürger, Obersten und Generaladjutanten" Sigel den „sehr ehren= vollen Auftrag" erhalten habe, den Oberbefehl der Stadt und Festung zu übernehmen. Zum Platzmajor ernannte er unsern schon gezeichneten Bürgerwehrmajor Fidel Frei, zum Kommandanten der Artillerie den „Major" Heilig, welchem ein Rheinbayer, Namens Fach, als Major beigegeben wurde. Ferner wurden noch verschie= bene andere Rollen ausgetheilt, Platz=Abjutant, Auditor, Arzt, Kassler, Platz= und Proviantmeister. Ueber den „Platzdienst" wurde verfügt, daß Morgens 4 Uhr Re= veille=Schuß und bei sinkender Sonne Zapfenstreich=

Schuß stattzufinden habe. Verschiedenes Andere wurde
noch angeordnet, von dessen Befolgung jedoch während
der Belagerung nichts zu bemerken war. Unser neuer
Gouverneur Tiebemann machte keinen unangenehmen
Eindruck. Er mochte ein Mann zwischen vierzig und
fünfzig sein, von mittlerer Größe und vorgebeugter Hal=
tung, das grau melirte Haupthaar kurz geschoren, mit
einem kurz gestuzten Schnurrbart versehen, wie man das
damals bei alten Militärs oft bemerkte. Seine Uniform
war einfach: dunkelblauer Waffenrock ohne farbige Auf=
schläge und Mütze nach französischem Schnitt, an der
Seite einen stark gekrümmten Schleppsäbel. Wer war
dieser Tiebemann? Wie kam er dazu, der „deutschen
Einheit" auf die Beine helfen zu wollen? Darüber
habe ich Aufschluß gefunden in Professor Fickler's
Aufzeichnungen. Demnach war Tiebemann der Sohn
eines (Heidelberger) Professors, war in seiner Jugend
badischer Dragoner=Lieutenant, mußte wegen verfehlter
„Ehrensachen" den Dienst quittiren, und begab sich
später nach Griechenland, als dieses seine Unabhängig=
keit gegen die Türkei vertheidigte. Er wurde griechi=
scher Offizier, verheirathete sich mit einer Griechin, wurde,
als die Fremden aus der griechischen Armee entlassen
wurden, dienstlos und fiel dann seinen Schwiegereltern
zur Last, wodurch er mit diesen und seiner Frau uneins
wurde. Er reiste 1849 zum Besuch seiner Eltern nach
Deutschland, wo ihm das Gesuch der badischen proviso=
rischen Regierung um fremde Offiziere sehr willkommen
begegnete. Die Sorge um Deutschlands Einheit hat

also diesen Mann nicht nach Deutschland und in die
Reihen der badischen Aufständischen getrieben. Von
denjenigen, die mit ihm in nähere Berührung kamen,
wurde er als ein heftig aufbrausender Karakter und als
ein eitler unfähiger Militär geschildert, dem jedoch per=
sönlicher Muth nicht abzusprechen war.

Als Chef des Generalstabs fungirte Otto von Cor=
bin-Wiersbitzki, der früher preußischer Lieutenant
gewesen, den Dienst quittirt und als Schriftsteller sich
an verschiedenen Orten aufgehalten hatte. Er war sehr
gegen seinen Willen in der Festung zurückgeblieben. Er
hatte schon eine Kutsche gemiethet, die ihn frühe morgens
zum Kehler Thor hinausbringen sollte, der Kutscher
plauderte jedoch den Plan im Wirthshause aus. Ein
tapferer, um das Wohl des Landes besorgter Bürger=
wehrmann hörte das und machte weitere Meldung. So
kam es, daß Corbin mitten in der Nacht von einer
Bürgerwehrabtheilung aus dem Bette geholt und als
Gefangener erklärt wurde. Man hatte geglaubt, er
wolle irgend eine Kasse entführen, was allerdings nicht
richtig war. Wieder freigelassen, versuchte er am andern
Tage zu entrinnen, indem er zu Pferde gegen Kuppen=
heim hin „rekognoszirte". Er fand den Weg bereits
durch die Preußen verlegt und mußte so wieder in die
Festung zurückkehren. — Der Generalstab scheint sehr
groß gewesen zu sein, denn man sah sehr viele Offiziere,
die keine Mannschaft hatten, meist mit Majorsrang.
Von jetzt an hörte man Tag und Nacht von Zeit zu
Zeit die großen Festungskanonen brummen. Wer aber

glauben wollte, das sei auf Kommando geschehen, der
wäre sehr im Irrthume. Die Festungskanoniere thaten
das meist auf eigene Faust, zum Privatpläsir. Wenn
sie irgendwo am Waldsaume oder im Kornfelde eine
preußische Pickelhaube glänzen sahen, Bumm! — wurde
ein Vierundzwanzig=Pfünder abgefeuert. Die Preußen
machten sich den Spaß, da und dort im Gebüsch oder
Kornfeld einem Pfahl eine Pickelhaube aufzusetzen, um
unsere schießlustigen Kanoniere zu reizen, die auch richtig
auf den Leim gingen. Wie oft habe ich diese eigen=
mächtige planlose Munitionsverschwendung mit angesehen,
wenn ich auf den Festungswällen herumschlenderte. Oft
habe ich an Nachmittagen mit Scholderer, Heilig und
andern Artillerie=Offizieren im Museums=Garten gekegelt,
als da und dort auf den Wällen plötzlich Kanonade be=
gann. „Hört, die Viehkerls schießen schon wieder!"
sagte da Scholderer oder ein anderer Bastion=Komman=
dant. Sie ließen sich aber im Kegeln nicht stören und
dachten nicht daran, daß sie später von den Preußen
für jeden Schuß verantwortlich gemacht würden. Nur
wenn es mitunter zu arg wurde, begaben sie sich auf
ihre Posten. Nach Uebergabe der Festung bekam ich
ein Zeitungsblatt zur Hand, in welchem Heilig als ein
wahrer Teufel dargestellt wurde, der in einen rothen
Mantel gehüllt auf den Wällen herumritt und die
Mannschaft anfeuerte. Pure Dichtung! Heilig mochte
wohl sein Schicksal ahnen und war deßhalb oft ver=
stimmt; er suchte aber alle trüben Gedanken durch Wein
zu verscheuchen und so hatte er fast jeden Nachmittag

einen Dampf. Aus dem nämlichen Grunde gehörte er
wohl auch zu den Unversöhnlichen; er wollte eben das
ihm drohende Geschick so weit als möglich hinausschie-
ben. Für Deutschlands Einheit hat Heilig nicht seine
Kraft eingesetzt und sein Leben gelassen.

Am 2. Juli, Vormittags, nahte sich der Festung
von Nieder-Bühl her zu Pferde ein preußischer Offizier,
dem ein Trompeter mit einer weißen Fahne voranritt.
Es war ein Parlamentär aus dem preußischen Hauptquartier, der dann mit verbundenen Augen durch die
Stadt in's Schloß zum Gouverneur geführt wurde. Er
brachte, wie man nachher erfuhr, eine Aufforderung des
Generals von der Gröben zur Uebergabe der Festung,
welche auf keinen Entsatz mehr rechnen könne, ferner
zur Freilassung der preußischen Gefangenen und gab
24 Stunden Bedenkzeit. Tiedemann rief einen Kriegsrath zusammen, in welchem die wenigen gemäßigten Elemente überstimmt wurden. Der Parlamentär kehrte mit
einer abschlägigen Antwort zurück. Bürgermeister Sallinger und einige angesehene Bürger waren zu Tiedemann geeilt und baten um Uebergabe der Festung. Der
Gouverneur war darüber so aufgebracht, daß er drohte,
er spalte dem Bürgermeister den Schädel, wenn er noch
einmal wage, von Uebergabe zu sprechen. Die Einwohnerschaft war leicht begreiflich für Uebergabe; es
war aber gefährlich, den Soldaten gegenüber in diesem
Sinne sich zu äußern. Die wüthigen Festungskanoniere
drohten, die Geschütze gegen die Stadt zu richten, wenn
man von Uebergabe spreche. Als ich in jenen Tagen

einmal mit einer weißen Nelke im Knopfloch mich in
ein Festungswerk begab, riß mir ein Kanonier das Blüm=
lein weg, indem er mich anbrüllte: „nix Uebergabe!"
Der Wüthige hatte das unschuldige Blümlein als eine
Art Parlamentärflagge betrachtet. Ich vermied hinfüro
sorgfältig solchen Blumenschmuck, um nicht die Unver=
söhnlichen zu reizen. Im Laufe der Belagerung wurde
das Gerücht verbreitet, daß verschiedene Einwohner schon
weiße Fahnen parat hätten, namentlich sagte man das
den Klosterfrauen nach. Einige Kanoniere drangen in
die friedlichen Klosterräume ein und fanden auch richtig
mehrere weiße Fahnen; es waren die Fähnlein mit der
Farbe der Unschuld, welche den Schülerinnen vorange=
tragen wurden, wenn sie des Jahres einmal, nämlich
an des Großherzogs Geburtstag, ausrückten. Die guten
Lehrfrauen wurden dadurch so geängstigt, daß sie
um freien Abzug baten, der ihnen von den Preußen
auch gestattet wurde. Bankier Maier, der zeitig die
Festung verlassen hatte, war im preußischen Hauptquar=
tier als Fürsprecher der Klosterfrauen aufgetreten. —
Diesem nun schon längst heimgegangenen Manne will
ich bei dieser Gelegenheit doch einige Zeilen widmen.
Maier war das Bild eines soliden Kaufherrn der alten
Zeit, schlicht, einfach, dabei aber ungezwungen vornehm,
leutselig, aber nicht gezwungen herablassend. Da=
mals war ein Bankier eine Rarität, und von Franz
Simon Maier munkelte man, er sei ein Millionär!!
Maier hat in der voreisenbahnlichen Zeit, als Rastatt
von Allen, die von Frankfurt nach Basel reisten, be=

rührt werden mußte, das erste Papiergeld ausgegeben.
Die hohen Herrschaften gaben ihm baares Geld und er
gab ihnen Scheine dafür, die bis Basel als baares
Geld angenommen wurden. In Rastatt nannte ihn
jedoch kein Mensch „Bankier", sondern er war schlecht=
weg der „Krämer Maier", da er außer seinem Bank=
geschäft auch einen „Kramladen" betrieb. Firma war
weder an die Wände, noch an eine Thür gemalt. An
zwei niederen Kreuzstöcken hingen ein Tabakspäckchen,
ein eingetrockneter Häring, ein Knaul Strickwolle und
Anderes, welches dem auch nicht schriftgelehrten Pu=
blikum verständlich machte, was hier zu haben war.
Von Schaufenstern wußte man damals noch nicht viel.
Jung=Deutschland, welches in den vierziger Jahren auf
den Plan trat, machte sich wichtiger; die kleinen Kreuz=
stöcke wurden durchbrochen zum Schaufenster, und aus
dem Krämer wurde der Kaufmann. Hinter den kleinen
Fenstern hatten es die Alten zu Wohlstand gebracht,
und die brillanten Schaufenster wurden nur zu oft die
Vorboten des Bankerotts. Als schon eine ziemliche An=
zahl solcher aufgedonnerten „Kaufleute" sich breit machten,
ging der „Krämer" Maier immer noch seinen alten
soliden Gang. Sein Sohn hat den Kramladen auf=
gegeben und blos den Bankgeschäften sich gewidmet;
die Schwindelperiode der siebziger Jahre hat ihn um sein
Vermögen gebracht. — Das Haus des „Krämer" Maier
ist nun in ein Palais umgewandelt und dient den Zwecken
der deutschen Reichspost. — Doch wenden wir unsere Auf=
merksamkeit wieder der belagerten Bundesfestung zu.

5

Nach einigen Tagen schwammen einige zugestöpselte Flaschen die Murg herab und wurden von den im Wasser sich herumtreibenden Buben des Schuhmacher= meisters Braun beim Rohrsteg aufgefangen. In den Flaschen war eine Bekanntmachung des Generals von der Gröben an die Einwohnerschaft, des Inhalts, daß die aufständischen Streitkräfte geschlagen seien und zum Theil sich unterworfen hätten, daß bereits Freiburg von den Preußen besetzt sei, daß wenn nicht baldige Ueber= gabe stattfinde, die Stadt beschossen werde. Diese Bot= schaft war bald unter der Einwohnerschaft bekannt und Braun wurde noch am nämlichen Tage zum Gouver= neur zitirt, der ihn anherrschte, er werde ihn todtschießen lassen, wenn seine Buben nochmal Flaschen in der Murg fänden. Die Hetzer und Wühler suchten diese preußi= sche Flaschen=Korrespondenz für sich zu verwerthen, indem sie sagten: „Da kann man sehen, wie schlecht es bei den Preußen steht; sie haben keine Geschütze, um die Festung zu beschießen, der Sigel ist im Anzug, jetzt wollen sie schnell durch solche Kniffe in den Besitz der Festung kommen." In diesem Sinne schrieb auch der „Festungsbote", der eigens gegründet wurde, um die Leidenschaften der Besatzung zu entflammen. Dieses „Organ des entschiedensten Fortschritts" wurde redigirt von einem gewissen Elsenhans, dem mißrathenen Sohne eines württembergischen protestantischen Pfarrers, der selbst eine Zeit lang Gottesgelahrtheit studirt und dann zersetzender Schriftstellerei sich hingegeben, die ihn in Konflikt mit dem Gesetze und in ein badisches Ge=

fängniß gebracht hatte. Die Revolution machte ihn frei
und aus Dank widmete er ihr seine Dienste. Bei der Be=
erdigung seines Landsmannes Hauf, eines Verwandten
des Dichters Hauf, hielt er in Gegenwart des evange=
lischen Stadtpfarrers Lindenmaier eine Grabrede, in
welcher er jegliche Religion für Unsinn erklärte. Bei
derselben Gelegenheit verkündigte Corvin, außer der
Freiheit gebe es keine Gottheit. Diese Herren gehörten
zum Klub des entschiedensten Fortschritts, der nach Ari=
stokraten schnüffelte, und wohl vollkommen die Rolle
eines Wohlfahrts=Ausschusses gespielt hätte, wenn das
Biedenfeld'sche dritte Regiment nicht zu fürchten gewesen
wäre. Der schroffe Gegensatz zwischen den badischen
Soldaten (die Festungskanoniere ausgenommen) und den
Freischärlern wurde von Tag zu Tag offenkundiger.
Biedenfeld galt als das Haupt der Reaktion, auf ihn
setzte die besorgte Einwohnerschaft ihre Hoffnungen. Da
ruchbar wurde, daß die Freischärler einen Handstreich
gegen ihn und sein Regiment planten, zog er dasselbe
in das Fort A zurück und schlug sein Hauptquartier
in einem nahen Gasthause auf, wo eine ansehnliche
Wache seine Person deckte. Daß dieser Zustand mehr
und mehr unheimlich für die Einwohnerschaft·wurde, ist
begreiflich; mußte man doch Tag für Tag gewärtig
sein, daß die feindlichen inneren Mächte auf einander
platzen, was bei einem Siege der Freischärler eine Plün=
derung und Anderes im Gefolge gehabt hätte. Es ver=
lautete, daß badische Offiziere den Gouverneur Tiede=
mann verhaften wollten und daß in einem Kriegsrathe

die Offiziere der Truppen und der Legionäre die Säbel gegen einander gezogen hätten.

In jener Zeit war ich einmal Zeuge, wie ein Aus=
fall mit blutigen Folgen improvisirt wurde. An einem schönen Nachmittag war ich auf der gegen die Rheinau gelegenen Bastion, die unter Scholderers (formellem) Kommando stand, und unterhielt mich mit den Kano=
nieren. „Guck', en Haas!" schrie auf einmal ein Ka=
nonier. Richtig trieben sich draußen auf einer Wiese einige Hasen herum. Zwei Kanoniere nahmen ihre Karabiner und gingen auf die Hasenjagd zur Festung hinaus. Zahlreiche Schüsse verpuffend entfernten sie sich in Verfolgung des Wildes ziemlich weit, als auf einmal von der Rheinau aus, wo eine preußische Feld=
wache war, auf sie gefeuert wurde. Nun eilten andere Soldaten, ohne jegliches Kommando, nach, und die Festungskanoniere ließen sich die schöne Gelegenheit nicht entgehen, einige Vierundzwanzigpfünder nach der Rheinau auf die Preußen abzudonnern. Das lebhafte Gewehr=
geknatter und der Kanonendonner wurden endlich auch im Schlosse bemerkt, und Tiedemann machte dann höchst eigenhändig mit einigen Kompagnieen und Geschützen einen Ausfall auf die Vorstadt Rheinau, aus welcher die paar Preußen glücklich vertrieben wurden. Nun ging es an's Furagiren. Bei einbrechender Nacht zogen unsere Tapfe=
ren wieder in die Festung ein, meistens besoffen, Wagen mit Wein, Heu und Lebensmitteln mit sich führend; viele hatten Hühner, Gänse und Enten an ihrem Wehrge=
hänge befestigt. Den Schluß des Zuges bildeten einige

Wagen mit Verwundeten. So kam ein Ausfall zu
Stande, was reguläre Militärs kaum für möglich halten
werden. Ich weiß nicht mehr genau, ob es bei dieser
oder einer späteren Gelegenheit war, daß von Scholbe-
rers Bastion aus das Wirthshaus zur dicken Eiche in
Rheinau in Brand geschossen wurde; daß ich Augen-
zeuge war, weiß ich noch. Die Kanoniere schossen mit
Granaten und zielten auf die Kreuzbalken des Giebels.
Welches Halloh, als das zündende Geschoß einschlug!
Vor dem Standgerichte wurde später Scholberer vom
Staatsanwalte daran erinnert, daß er das Wirthshaus
in Brand geschossen habe, obwohl er, wie ich ihm be-
zeugen konnte, gar nicht dabei war. Er war eben for-
meller Kommandant jener Bastion, wie aus den Quar-
tierlisten ersehen wurde. —

Sonntag, den 7. Juli, früh gegen 3 Uhr, wurde
ich von meiner seligen Mutter geweckt mit dem Bemerken, ob ich denn nicht das furchtbare Schießen höre,
die Stadt werde bombardirt. Bah, sagte ich, unsere
Kanoniere haben wieder lange Weile, 's ist weiter nichts.
Doch stand ich auf und schaute zum Fenster hinaus.
Da sah ich hoch oben im Dämmerlichte eine Kugel mit
feurigem Schweife ihren Kreis beschreiben, hörte ein
eigenthümliches Zischen und Schnurren und dann ein
furchtbares Gerassel. Das Wurfgeschoß hatte irgendwo
in ein Dach eingeschlagen. „Jetzt gilt's Ernst!" sagte
ich und schickte mich an, der Mahnung meines Freun-
des Scholberer zu folgen. Dieser hatte mir nämlich
gesagt, wenn einmal die Stadt beschossen werde, solle

ich mit meinen Leuten mich in eine wohleingerichtete
Kasematte der nahe gelegenen Bastion XXX begeben.
Meine Mutter und Schwestern packten einiges Bettzeug
zusammen, ich steckte das ganze Familienvermögen in
die Tasche, bewaffnete mich mit einer Reiterpistole, die
ich schon lange hatte, hing den Kapuzmantel um, der
damals bei Studenten in Mode war, und so wandelten
wir durch die todtenstille Straße der Bastion XXX zu.
Der Wachposten dort bestand aus Freischärlern. Der
Wachkommandant, ein kleiner dürrer Polacke mit rother
Schärpe und ungeheuerem Schleppsäbel, wollte uns zu=
rückweisen. Vergeblich berief ich mich auf die Erlaub=
niß eines Artillerieoffiziers. Als der Kerl immer gröber
wurde, griff ich in einer Art Verzweiflung an meine
Pistole, die bisher unter dem Burnus verborgen ge=
wesen und siehe da — der tapfere Polacke bekam ein
Einsehen. Auf diesen Sieg habe ich mir nicht wenig
eingebildet; die respekteinflößende Pistole war lange
meine treue Begleiterin, ich habe sie durch die Schrecken
des Kriegszustandes gerettet, und aus Pietät besitze ich
sie heute noch. Einmal hat die treue Pistole mich in
große Verlegenheit gebracht. Als ich im Jahre 1854
Vikar in Achern wurde, kamen am ersten Tage nach
meinem Aufzuge zwei Gendarmen und drei Gemeinde=
räthe, um einen verbotenen Kirchenkonflikts=Hirtenbrief
bei mir zu suchen. Ich verweigerte die Herausgabe und
sagte den Häschern, sie sollten ihn selbst suchen. Da fiel mir
siedend heiß ein, daß auf dem Boden meines noch nicht
ausgepackten Koffers die Pistole liege. Noch war Kriegs=

zuſtand, Waffen waren verboten, die Piſtole hätte mich
auf etwa ſechs Wochen in Arreſt bringen können. Dieſe
Freude mochte ich den hitzigen Gendarmen nicht gönnen
und ſo gab ich ihnen den fürchterlichen Hirtenbrief, den
ich hinter dem Fenſterladen geborgen hatte. Am nächſten
Sonntage habe ich denſelben dennoch zum großen Er=
ſtaunen der in der Kirche anweſenden Gendarmen ver=
leſen, da ich ihn in zwei Exemplaren erhalten hatte.

Meine Leute und ich waren bald nicht mehr die
einzigen Inſaſſen der geräumigen Kaſematte. Nach kurzer
Zeit war dieſelbe von Frauen und Kindern angefüllt.
Für mich war alſo kein Bleiben mehr und ſo begab ich
mich hinauf auf den Wall zu den Kanonieren, wo ich
mehr als acht Tage unter Gottes freiem Himmel logirte.
Hier oben konnte man jede Kugel beobachten, die aus
den hinter dem Eiſenbahndamm poſtirten preußiſchen Ge=
ſchützen in die Stadt geſchleudert wurden. Es wurden
glühende Vollkugeln und Granaten geworfen. Eine der
erſteren ſchlug in die Scheuer des Gaſthauſes zum Wald=
horn ein, das bald in hellen Flammen ſtand. Mit
Todesverachtung bemühte ſich die bald erſchienene Feuer=
wehr, den Brand zu löſchen, mit Todesverachtung, weil
die Belagerer immer noch Kugeln auf die Brandſtätte
ſchleuderten. Vom Feſtungswalle aus hörte ich einmal
das Hurrahrufen der preußiſchen Kanoniere, als eine
ihrer Kugeln mit mächtigem Geraſſel in ein Dach ein=
ſchlug. Unſere Kanoniere waren auch nicht faul und
ſuchten den feindlichen Batterien beizukommen. Sie
ſollen ihnen wirklich einigen Schaden zugefügt haben,

jedoch ohne sie zum Schweigen zu bringen. Darauf
nahmen die Preußen die Festungsbatterie, bei der ich
gerade stand, auf's Korn. Eine Granate fiel kaum
50 Schritte von uns in den mit Wasser gefüllten
Festungsgraben. Ein frecher Kanonier sprang nun auf
die Brüstung, zeigte den Preußen seinen Hintergrund
und machte dazu bekannte triviale Handbewegungen.
Ich fand es für angemessen, mich in die nahe Hohl=
traverse (ein auf dem Wall befindlicher gewölbter Ge=
schützstand) zurückzuziehen. Durch die Schießscharte hatte
ich Aussicht auf den Feind und durch den offenen Ein=
gang auf die Stadt. Nach 5 Uhr ließ das feindliche
Feuer etwas nach und verstummte gegen 8 Uhr gänzlich.
Die Preußen hatten nun gezeigt, was sie können, wenn
sie wollen. Ich riskirte einen Gang in die Stadt.
Gleich beim Rohrsteg war das Haus des Schuhmachers
Braun übel zugerichtet; die Kugel, welche damals die
Einwohner erschreckte, ist jetzt zum steten Gedächtniß dort
in die Wand gemauert, wo sie eingedrungen. Ich be=
suchte die Wittwe Berna, bei der ich Hauslehrer war
und die bei Herrn Rheinbold bei der Kirche wohnte.
Eine Granate war im Plafonds ihres Salons stecken
geblieben, ohne zu bersten. Die wenigsten der herein=
geschossenen Granaten zersprangen; sie waren glücklicher=
weise schlecht präparirt. Nur drei dieser mörderischen
Geschosse richteten Unheil an. Im Eckhause der Herren=
und Lyzeumsstraße wohnte Schreiner Gaißer in Miethe.
Eine Granate schlug in die Küche ein, durch deren
Splitter Gaißer und seine Frau lebensgefährlich ver=

wundet wurden; die Frau starb nach einigen Stunden,
der Mann am folgenden Tage. Professor Fickler, der
in demselben Hause wohnte und den Unglücklichen den
ersten Beistand leistete, erzählt bei dieser Gelegenheit
einen schönen Zug von Gouverneur Tiedemann. Fickler
wagte sich nämlich hinaus, um ärztliche Hilfe zu holen;
beim nahen Schlosse begegnet ihm Tiedemann und läßt
ihn barsch an, warum die Bürgerwehr nicht ausrücke.
Fickler entgegnet, er sei daheim nöthiger und erzählt das
Unglück in seinem Hause. Tiedemann schickte nun einen
seiner Adjutanten nach einem Arzte und begab sich mit
Fickler in das Unglückshaus; hier knieete er neben der
schwer verwundeten Frau nieder, sprach ihr Worte des
Trostes zu, „wie das Herz und die Erinnerung an die
heil. Schrift sie ihm eingab". — In den sog. rothen
Häusern wurde Schlosser Landherr durch einen Granat=
splitter getödtet, gerade als er sein Haus verlassen hatte,
um als Feuerwehrmann auf die Brandstätte zu eilen.
Ein Fahrkanonier wurde beim Husarenstall schwer ver=
wundet. Das waren die ersten Schrecken des Bom=
bardements. Außer dem Schrecken wurde die Einwoh=
nerschaft von Bitterkeit erfüllt über die Besatzung, die
durch ihren unnützen Widerstand uns solchem Ungemach
ausgesetzt, aber auch gegen die Preußen, weil sie auf
friedliche Wohnungen ihre Geschosse gerichtet. Von
Uebergabe durfte man der Besatzung jetzt erst recht nicht
reden, weil sie durch die Beschießung mit Kampf= und
Racheluft erfüllt worden war. Als durch den Aus=
scheller bekannt gemacht war, daß die Einwohnerschaft

in die Kasematten sich zurückziehen dürfe, begann eine
wahre Völkerwanderung. Ich weiß nicht mehr, ob an
jenem Sonntage die Glocken zum Gottesdienste riefen
— der Besuch der Kirche wäre gefährlich gewesen, weil
sie den Preußen als Zielpunkt diente — die Straßen
wimmelten von Ausziehenden. Wem kein gut gewölbter
Keller zur Verfügung stand, verfügte sich mit seinen
besten Habseligkeiten in die verschiedenen Festungswerke.
Nur wenige Kasematten (gewölbte Räume) waren damals
ganz fertig, d. h. mit hölzernem Fußboden und mit
Fenstern versehen. In eine solche begaben sich mehrere
Notabeln, u. A. die nun verstorbenen Kaufleute Heybt
und Abele mit ihren Angehörigen. Möbel waren frei=
lich keine darin, aber die ungewohnten Bewohner suchten
es sich so bequem als möglich zu machen. Mehrere mit
Erbsen gefüllte Säcke dienten als Stühle und Tisch,
die Herren rauchten ihre Zigarre, auf einen Sack wurde
das Licht gestellt.

Am anderen Morgen kam Scholderer, der mir den
Vorgang erzählte, mit einigen Kanonieren in diese Kase=
matte mit dem Bemerken, es sei nun doch die höchste
Zeit, das S p r e n g p u l v e r von hier wegzunehmen,
worauf es fast einige Ohnmachten abgesetzt habe. Die
guten Leute hatten das grobkörnige Pulver für Erbsen
gehalten. Abends begab ich mich auf Bastion XXX,
wo ich, in meine Kapuze gehüllt, in einer Hohltraverse
mit einigen Kanonieren auf blankem Boden mich dem
Schlafe hingab. Morgens früh gegen 3 Uhr wurde
ich durch einen energischen Rippenstoß geweckt; mein

Schlafkamerad, ein Kanonier, hielt mich in der Schlaf=
trunkenheit für Seinesgleichen und rief mir zu: „Alleß,
rauß, hörst denn nicht, daß b'Preuße wieder schießen.“
Richtig, der Tanz war wieder losgegangen und zwar
lebhafter als gestern. Diesmal feuerte nicht bloß unser
vis-à-vis hinter dem Eisenbahndamm, sondern auch eine
zwischen Iffezheim und der Festung aufgepflanzte Batterie
auf die Stadt. Diesmal wurden auch Bomben ver=
wendet, da die Preußen einige alte badische Mörser
aus Karlsruhe herbeigeholt hatten. Diese machten nun
erst recht eine greuliche Musik bei ihrem Fluge durch
die Luft und ein furchtbares Gerassel, wenn sie in ein
Dach einschlugen. Ich habe einige solcher Dächer ge=
sehen, auf welchen alle zurückgebliebenen Ziegel aufwärts
standen, so daß man bildlich hätte sagen können, diesen
Häusern seien die Haare zu Berg gestanden. Ein Glück,
daß diese Bomben nicht mit Sprengstoff, sondern nur
mit Sand gefüllt waren, wie unsere Kanoniere nachher
behaupteten. So viel ich hörte, ist keine einzige zerplatzt.
Ein Dragoner wurde durch eine Vollkugel getödtet, sonst
ist meines Wissens in der Stadt an jenem Tage kein
Menschenleben beschädigt worden. Die Unsrigen waren
gleich bei Beginn der Beschießung lebhaft in die Aktion
eingetreten. Unser hinter dem Eisenbahndamm gebor=
genes vis-à-vis litt keinen Schaden; vom Fort A aus
wurde aber die Iffezheimer Batterie wirksam beschossen.
Ein preußischer Protzkasten flog in die Luft, mehrere
Kanoniere wurden verwundet, einer getödtet, so daß die
Preußen dort das Feuer einstellten. Diesmal dauerte

das Bombardement bis gegen 10 Uhr Vormittags. Wäh=
rend desselben war ich genöthigt, mich in die Stadt zu
begeben, um für die Meinigen und mich Proviant zu
holen. Der Gang war allerdings nicht sehr gefährlich,
weil ich in der Vorstadt wohnte, die meisten Kugeln
aber nach der Mitte der Stadt flogen; dennoch drückte
ich mich hart an den Häusern hin, häufig rückwärts
nach oben schauend, um den Kreislauf der Wurfgeschosse
zu beobachten, die allerdings durch ihr Surren und
Sausen sich ankündigten. — Die Besatzung verlangte
gebieterisch einen Ausfall, um die preußischen Batterieen
zu nehmen oder wenigstens zu vernageln. Und richtig:
Tiedemann verstand sich dazu, am hellen Mittag einen
Ausfall zu machen, der wohl in stiller Nacht hätte be=
werkstelligt werden sollen. Von Bastion XXX aus
konnte ich diesen merkwürdigen Ausfall in seinem ganzen
Verlaufe genau beobachten. Bald nach 3 Uhr Nach=
mittags rückten bei klarstem Himmel und drückender
Julihitze badische Infanterie in Mänteln und Freischaaren
unter Biedenfeld's Kommando zum Karlsruher Thore
hinaus gegen den Bahnhof; die hinter demselben auf=
gestellte preußische Feldwache zog sich, nachdem sie einige
Schüsse abgefeuert, schleunig zurück in das nahe Gehölz,
das sog. Beinel. Diese „Flucht" ermuthigte die Unsrigen
bedeutend, so daß sie dem Gehölze näherückten. Von
dort, wohin von Rauenthal her Sukkurs gekommen,
wurden sie jedoch aus sicherer Deckung mit wohlgezielten
Schüssen empfangen, vor denen sie sich bald zurück=
zogen. Nun kam noch preußische Reiterei nachgesprengt

Unsere Wallkanonen griffen in das Gefecht ein, schossen
auf die preußischen Reiter, die auseinander stoben,
schossen aber, wie ich genau bemerkte, auch auf die
eigenen Leute. Die Legionäre rannten in wilder Flucht
dem Bahnhofe zu, wo sie unter dem Schutze der Festungskanonen waren. Tiedemann, von dem man sagte, er
habe den Tod gesucht, wurde leicht verwundet. Die
Kanoniere, bei welchen ich stand, meine „Schlafkame-
raden", waren wie wilde Teufel. Hembärmelig, die
Aermel aufgeschlagen, vom Pulverdampfe geschwärzt,
bedienten sie die Geschütze. In ein Bahnwarthäuschen
hatten sich einige Preußen begeben und suchten von dort
aus diese lästigen Kanoniere wegzuputzen. Eine Spitzkugel, die uns an den Ohren vorbei pfiff und in der
Nähe einschlug, belehrte uns, daß wir in der Schuß-
weite der damals noch neuen Zündnadler uns befanden
und veranlaßte mich, meiner Neugierde in der sicheren
Hohltraverse zu fröhnen. Unsere Kanoniere aber nahmen
das Bahnwartshäuschen auf's Korn, die zweite Kugel
schlug ein, mehrere Pickelhauben stoben heraus und im
Eilschritt hinter den Eisenbahndamm. Abends gegen
7 Uhr, als beim Bahnhofe das Feuer bedeutend nach-
gelassen hatte, wurde ein Ausfall nach dem von einer
starken preußischen Feldwache besetzten Niederbühl gemacht, den ich auch genau beobachten konnte, weil mein
Standpunkt ungefähr gleich weit vom Bahnhof, wie von
Niederbühl entfernt war. Meine Kanoniere, die von
Zeit zu Zeit einen Trunk erhielten, wurden immer
wüthender und schossen bei einbrechender Dunkelheit

hagelbicht auf das Dorf. In der Nähe der Kirche
standen bald einige Gebäude in Brand. Schauerlich
war das Gotteshaus beleuchtet. Man sah deutlich das
Zifferblatt der Kirchenuhr, welches alsbald den Kanonieren als Zielscheibe dienen mußte. Ein entsetzliches
Halloh ertönte, als eine Kugel dieses Zifferblatt zer-
schmettert hatte. In kurzer Zeit war der Kirchthurm
eine Feuersäule. Als das Kampfgewühl verstummt war,
hörte man nichts mehr durch die stille Nacht hin, als
das Prasseln der Flammen, das Niederstürzen des Ge-
bälkes. Gegen Mitternacht neigte sich der Thurm und
brach, eine furchtbare Lohe aufwerfend, zusammen. Unsere
Kanoniere bildeten sich nicht wenig auf diese Heldenthat
ein. Der Erfolg dieser Ausfälle war ein bedeutender
Verlust an Menschenleben und das Niederbrennen von
etwa 20 Gebäuden in Niederbühl. Am andern Tage
saßen die Preußen so fest, wie vorher. Artillerielieutenant Lenzinger, der Kommandant von Bastion XXX,
mußte später die niedergebrannte Kirche büßen. Ich
hätte beschwören können, daß er an jenem Nachmittag
seine Kanoniere nicht kommandirt hatte. Einen (im
Sinne der Führer günstigen) Erfolg hatten jene Ausfälle; die Besatzung wurde kampfeslustiger, rachsüchtiger
und wollte von Uebergabe noch weniger wissen als
vorher. Nach der Uebergabe wurden in Kornäckern und
im Gehölze noch mehrere Leichen von Freischärlern gefunden, die, nach der mit den Nägeln aufgewühlten Erde
zu schließen, in gräßlicher Hilflosigkeit dort verschmachtet
waren. Wenn man von Oos nach Rastatt fährt, ge-

wahrt man an einem Straßenübergang auf der rechten
Seite eine Pyramide; auf dieser sind die bei jener Gelegenheit Gefallenen des 20. preußischen Regiments ver-
zeichnet. — Bombardirt wurde in jener Nacht die Stadt
nicht. Am folgenden Tage war es, daß Fidel Frei von
seiner Rosinante herab die falsche Botschaft verkündigte,
daß Sigel im Anrücken sei. Später wurde einmal durch
Straßenplakate verkündigt, daß 20,000 Franzosen den
Rhein überschritten hätten, um uns zu helfen. — In
jener Zeit schickte Tiedemann den Lieutenant Schabe
vom 2. Regiment (einen ehemaligen Kellner, zum Klub
der Unversöhnlichen gehörend) als Parlamentär in's
feindliche Hauptquartier und ließ um Blutegel für die
Kranken bitten, welche am andern Tage prompt durch
einen preußischen Parlamentär hereingeliefert wurden.
Bei dieser Gelegenheit schickte Tiedemann einen Brief
an seine Eltern hinaus, welchen General von der Gröben
besorgen ließ. Die Feldbesitzer erhielten die Erlaubniß,
unter dem Schutze der Festungsgeschütze das reife Ge-
treide zu schneiden, wovon umfassender Gebrauch gemacht
wurde. Bei einer solchen Gelegenheit wurde von den
Preußen ein Knecht erschossen. —

Zu meinen Studienfreunden gehörte ein Jude Namens
Julius Rosenthal von Liedolsheim, der bei seinem
Onkel, dem reichen Kornhändler Moses Rosenthal, freie
Station hatte. Sein Quartier hatte er freilich unter
den Hohlziegeln neben Michel dem Knecht, wo ich oft
mit ihm Logarithmen rechnete und Gleichungen löste,
oder vielmehr er mit mir, da er mir in der Algebra

überlegen war. In der freien Zeit befand er sich im Erdgeschoß zu den Füßen seiner schönen und gescheidten Kusine Jette und suchte ihr durch Vorlesen von Klassikern höhere Bildung beizubringen. Als etwa elfter Sohn eines gering bemittelten Kühjuden war er genöthigt, durch Privatunterricht sich einiges Taschengeld zu erwerben, das er aber zum größten Theil seiner „Flamme“, der Jette, widmete, indem er ihr Klassiker schenkte. Ich bekam dort Einblick in jüdisches Familienleben. Mein Freund Julius war damals Antisemit. Die Strenggläubigkeit seines Onkels Moses schien ihm im grellen Widerspruche zu stehen mit dessen Handlungsweise. Wenn Moses in der Stube auf- und abwandelnd seine Gebete murmelte und jeweils am Thürpfosten die Thora küßte, flüsterte mir Julius oft zu: „Siehst du ihn wieder, den Juden!“ Den lateinischen Ausruf: „o tempora, o mores“ wandelte Julius beharrlich um in: „o tempora, o Moses!“ Moses hatte als vorsichtiger Mann vor Schluß der Festung seine Damen fortspedirt und blieb bei seinen Korn- und Mehlvorräthen zurück, was er nicht wenig bereute. Er mußte das letzte Körnlein hergeben und bekam dafür papierene Gutscheine; ob er später baar Geld für diese erhielt, weiß ich nicht. Jedenfalls kam er zu seinem Schaden, da er später für die Preußen lieferte. Die langweilige Zeit der Belagerung brachte ich oft bei Rosenthal's zu, wo ein anderer Jude, David Löb, ein Schulkamerad von mir, viel zur Belebung der Unterhaltung beitrug. Dieser David, Sohn des Möbelhändlers und Geldver-

leihers Hirſch Löb, verdient ſchon einige Zeilen, da er
auch während der Belagerung eine politiſche Rolle ſpielte,
und ſein Lebenslauf wirklich romantiſch war.

David's Antlitz war mit dicken Sommerſproſſen,
ſein Schädel mit dichtem wolligem feuerrothem Haare
geſchmückt; er gehörte jenem Stamme Iſraels an, der
ſich durch einen penetranten Geruch unangenehm bemerk=
lich macht. Von den Semiten unterſchied er ſich weſent=
lich durch den leichtſinnigen Gebrauch, welchen er von
den zeitlichen Gütern machte. Als er ungefähr 18 Jahre
alt war, wurde ſein Vater troſtloſer Wittwer und ver=
heirathete ſich zum zweitenmale. Die ſchöne Stiefmutter
war jedoch unſerm David widerwärtig, der Vater gab
ihm Geld zur Auswanderung nach Amerika. David
kam damit nicht weiter als bis Paris, wo er ſich, als
das Geld verjubelt war, in die algeriſche Fremdenlegion
anwerben ließ. Im Winter 1848/49 kam er aus Algier
zurück, orangengelb und ausgetrocknet wie eine Hutzel.
Als Refraktär wurde er in's Militär geſteckt, wo er es
bald zum Unteroffizier bei den Scharfſchützen brachte.
Bei Heidelberg ließ er ſich von den Preußen fangen,
die ihn mit mehreren Kameraden freiließen unter der
Bedingung, daß er nicht mehr bei den Aufſtändiſchen
eintrete. Nach Raſtatt zurückgekehrt, trat er alsbald
wieder als Scharfſchütze auf. Bei unſeren Plaubereien
im Roſenthal'ſchen Hauſe machte es ihm einen Haupt=
ſpaß, die Semitenängſte des alten Moſes noch zu ver=
mehren. „Was gibt's Neu's, David?" — „Was wird's
geben, nichts gibt's; geſtern haben wir alle Minen mit

6

Pulver gefüllt, damit wir, wenn's schief geht, die Festung in die Luft sprengen können." — „David, schwätz' mer nit so, du waast, i kann's nit leide!" — Aber der David wiederholte am andern Tage wieder mit unbarmherziger Kälte, daß man die Festung lieber in die Luft sprenge, als den Preußen übergebe. Eines Morgens früh erschien David im Zibilanzug in meiner Wohnung und theilte mir mit, daß er nun im Auftrage Tiedemann's die Festung als Spion verlasse. Er werde sich auf Umwegen in's Elsaß begeben und dort bestimmt verabredete Raketensignale geben. Er zeigte mir, wo er die Depeschen Tiedemann's in seinen Rock eingenäht hatte, und wies mir auch die schriftliche Weisung des Gouverneurs an die Niederbühler Thorwache, den Ueber= bringer hinaus zu lassen. Ich begleitete denselben an das Niederbühler Thor. Unterwegs vertraute er mir an, es falle ihm nicht ein, in's Elsaß zu gehen. Die Geschichte sei ihm zu langweilig hier, er wolle nur hinaus, um zu seiner „Braut" nach Bühl sich zu be= geben. Auch fürchte er, es könne ihm schlecht gehen, wenn er nach der Uebergabe den Preußen in die Hände falle. Er zeigte mir einen Pack Festungsboten, die er den Preußen geben wolle, um sich genehm zu machen. „Laß du mich nur machen!" — erwiderte er auf meine verschiedenen Bedenken. Als der Wachkommandant ihm wirklich das Thor geöffnet hatte, begab ich mich auf den Wall, um den weiteren Verlauf zu beobachten. Kaum bemerkten ihn die Kanoniere, als sie ihm „Halt!" nach= schrieen. David aber hielt nicht, sondern sprang wie

ein Windhund Niederbühl zu und zwar sehr vorsichtig
im Zickzack, so daß er von den Karabinerkugeln, welche
die Kanoniere ihm nachjagten, nicht getroffen wurde.
Halbwegs schwenkte er ein weißes Taschentuch als Parlamentärflagge und kam wohlbehalten nach Niederbühl,
wo aus dem ersten Hause eine preußische Wache heraus-
kam und ihn in Empfang nahm. Am ersten Tage nach
der Uebergabe war David wieder in Rastatt und erzählte mir seine Erlebnisse. Von Niederbühl wurde er
in's Hauptquartier nach Kuppenheim geführt vor den
Platzmajor, unglücklicher Weise derselbe Offizier, der ihn
in Heidelberg freigelassen hatte und jetzt alsbald wieder
erkannte; natürlich, wer den rothen David einmal gesehen, konnte ihn unter Tausenden wieder herauskennen.
Die Verlegenheit dauerte jedoch nicht lange, da ihm
badische Offiziere, „Geschäftsfreunde“ seines Vaters, zu
Hilfe kamen. Diese gaben das Zeugniß, daß der junge
Mann einer „guten“ Familie angehöre; David selbst
überlieferte die Tiedemann'schen Depeschen nebst Festungsboten, machte den Preußen schätzenswerthe Mittheilungen
und wurde frei. — Ungefähr ein Jahr nachher sah ich
in Freiburg, als ich gerade in's Universitätsgebäude
eintreten wollte, vier preußische Soldaten, die einen
Herrn als Gefangenen in ihrer Mitte führten; da solche
Transporte damals nichts Seltenes waren, schenkte ich
dem Zuge keine besondere Aufmerksamkeit, bis der Gefangene mit seinem Foulard mir winkte und meinen
Namen rief; es war der rothe David Löb von Rastatt.
Er war, wie ich später erfuhr, an der Rheingrenze als

Deserteur verhaftet worden, mußte eine Gefängnißstrafe
verbüßen, nach welcher er wieder in den Waffenrock ge=
steckt wurde. Er hielt es aber nicht lange aus, sondern
ging durch nach Amerika. Als ich später einmal den
alten Hirsch Löb in Rastatt fragte, was sein David
mache, gab er mir zur Antwort, er habe eben von dem=
selben aus Amerika die Anzeige erhalten, daß er sich
mit einer Dame aus Flehingen, einem wahren Engel,
verheirathet habe, und daß er, Hirsch, bald Großvater=
freude erleben werde. „Krieg die Kränk mit deinem
Flehinger Engel, die Großvaterfreuden können mir ge=
stohlen werden!" fügte der alte vielgeprüfte Hirsch
Löb bei. —

Mein Freund Julius Rosenthal studirte in Heidel=
berg die Rechtswissenschaften und mußte dort vom Gna=
denbrod der Glaubensgenossen leben; er hatte Kosttage.
Als ich im Priesterseminar zu St. Peter war, besuchte
er mich und theilte mir mit, daß er demnächst nach
Amerika auswandern werde. Er hatte keine Angst vor
dem Examen, er wäre höchst wahrscheinlich der erste
geworden, aber er hatte kein Geld und hatte es satt,
vom Almosen zu leben. Damals waren nämlich die
Juden noch nicht emanzipirt, er hätte somit keine An=
stellung erhalten können und Advokat werden müssen.
Darauf hätte er sich aber einige Jahre als nicht be=
zahlter Volontär vorbereiten müssen. — Seine Jugend=
flamme Jette war unterdessen an einen Mainzer Korn=
händler verheirathet worden. — Im Jahre 1864 trat
in Lahr ein elegant gekleideter Herr mit schwarzem Voll=

bart und Glatzkopf in mein Zimmer, es war Julius
Rosenthal, den ich auf den ersten Blick nicht erkannt
hatte. Die Sehnsucht nach der Heimath und nach den
Freunden hatte ihn zu einem Besuche herausgetrieben.
Er hatte im Anfange in Amerika sich als Hausirer
herumgetrieben, theils um seinen Lebensunterhalt zu ver=
dienen, theils um die Sprache des Landes gründlich zu
erlernen. Als er dann das juristische Examen bestanden
hatte, fand er in Chigaco Aufnahme bei „unserem"
Brentano, der dort die Advokatur betrieb. Als dieser
bald nachher die Redaktion der Illinois=Staatszeitung
übernahm, hatte Rosenthal das Geschäft allein, verhei=
rathete sich und hatte sich bald eine geachtete Stellung
erworben. Er legte eine große deutsche Bibliothek an
und war der Mittelpunkt deutschen geistigen Lebens in
Chigaco. Er hatte die amerikanischen Verhältnisse lieb
gewonnen und rühmte ihre Vorzüge vor den deutschen.
Nach angestrengter Tagesarbeit bringe man dort den
Abend in der Familie zu, die Familien besuchen einander,
das von den Deutschen so übermäßig gepflegte Wirths=
hausleben sei dort verachtet. Die politischen Kämpfe seien
dort nicht so kleinlich, wie in Deutschland. Sobald die
Wahlschlacht entschieden sei, bemerke man im sozialen
Leben Nichts mehr von Gegensätzen. — Wir besuchten
miteinander den Lahrer Stadtrechner Scholderer, den
ehemaligen Festungskanonier. Beim Abschiede sagte
Rosenthal zu diesem: „Wenn du einmal nach Amerika
kommst, du weißt nun, wo ich bin." Als Scholderer
erwiderte, er habe nichts in Amerika zu thun, bemerkte

ich scherzend, man solle Nichts verreden, man wisse nie, wie es noch gehe. Ich hatte damals keine Ahnung, daß Scholderer einige Monate nachher inkognito über den Ozean fahren würde. — Einige Jahre später berichteten die Blätter, daß ein großer Theil von Chicago ein Opfer der Flammen geworden und daß auch der geachtete deutsche Advokat Julius Rosenthal um seine Habe gekommen und namentlich seine reiche deutsche Bibliothek eingebüßt habe. Ich las nachher, daß deutsche Buchhändler ihm ihre Verlagswerke zum Geschenke machten, um wenigstens diesen Verlust zu ersetzen. —

Doch kehren wir nach diesen Episoden, die wenigstens für die Studiengenossen von Interesse sein dürften, in die belagerte Bundesfestung zurück. Ich kann nicht verzeichnen, was Tag für Tag sich ereignete, da ich damals kein Tagebuch führte, und beschränke mich darauf, hauptsächlich dasjenige mitzutheilen, was meinem Gedächtnisse sich besonders lebhaft eingeprägt hat. Wie schon bemerkt, theile ich besonders Interessantes, das mir nicht sonst bekannt wurde, aus Fickler's Schriftchen mit. Zu diesem gehört der folgende Brief, den Tiedemann's Vater an unsern Gouverneur gerichtet und der durch einen Parlamentär demselben zugestellt worden war. Derselbe lautet:

Heidelberg, den 16. Juli 1849.

„Mein Sohn!

Mit wahrer Betrübniß, muß ich offen bekennen, habe ich Deine Zeilen vom 10. Juli erhalten, die mir leider die traurige Gewißheit brachten, daß Du Dich in Rastatt befindest. Bisher hielt mich das Vertrauen zu

Deiner Ehrenhaftigkeit und Besonnenheit ab, der in
öffentlichen Blättern verbreiteten Nachricht, daß Du
Kommandant von Rastatt seist, Glauben zu schenken.
Sehr schmerzhaft hast Du mich aus dieser Täuschung
gerissen.

Gleich bei Deiner Ankunft aus Griechenland, da
gewissenlose und durch Wahnsinn verblendete Demokraten
Dich und Deine militärischen Kenntnisse in der revolu=
tionären Bewegung zu benutzen gedachten, habe ich Dich
aufmerksam gemacht, daß es sich dabei nicht um die
Aufrechthaltung und Vertheidigung der deutschen Reichs=
verfassung und um die Erlangung der Einheit und
Macht des theuren, deutschen Vaterlandes handle, es
gelte vielmehr der Durchführung der rothen Republik.
Im vorigen Jahre hattest Du den schändlichen Einflü=
sterungen des ehrgeizigen Hecker's kräftig widerstanden,
— ich bestürmte Dich daher mit Bitten, auch jetzt Wider=
stand zu leisten, und Deinen Namen und Deine Ehre
nicht durch Theilnahme an einer schlechten Sache zu
beflecken.

Wenn meine Bitten und vorgebrachten Gründe
Dich nicht überzeugt und auf dem rechten Wege zu er=
halten vermochten, so wird die Bekanntmachung des
kurzsichtigen Brentano, die ich zur Notiz beilege, Dir
gewiß die Augen öffnen. Buben sind es, welche das
große Unheil und die nie zu tilgende Schande über das
schöne Baden gebracht haben. Du wirst nun die Ueber=
zeugung gewinnen, daß Du nicht im Bunde bist mit
ehrenhaften Männern, sondern mit niederträchtigen, ehr=

süchtigen, geldgierigen, verblendeten Menschen, mit einer wahren Räuberbande und dem Auswurfe aller Nationen Europa's, eine schändliche und schlechte Sache vertheidigst.

Du gehörst zu den wenigen edlen Gemüthern, die in der neuesten Zeit durch den glänzenden Wunsch, dem deutschen Volke Einheit und Freiheit erringen zu helfen, vom rechten Wege abgelenkt und zum bedenklichsten Aeußersten hingerissen sind. Das erkenne und bedenke! Ich beschwöre Dich nochmals, bei Allem was heilig ist, bei dem Glauben an Gott, dem Alles gerecht Vergeltenden, bei den Lehren von Christus, in denen Du erzogen bist, bei der Liebe zu Deinen armen Eltern und zum theuren Vaterlande, eine Sache zu verlassen, die dem Namen, den Du trägst, nur ewige Schande bereiten, und Dir unfehlbar den verdienten Tod eines Verbrechers zuziehen wird. — Habe Erbarmen mit Deinen alten Eltern, die vor dem Rande des Grabes stehen; schone Deine arme Frau und Dein Söhnchen, — und vor Allem gedenke Deiner guten, zärtlichen Mutter, die Deinen Tod nicht überleben wird. Hüte Dich, den Fluch der Mit- und Nachwelt und aller Mitmenschen auf Dich zu ziehen, deren Lebensglück Du zu zerstören begonnen hast. —

Mache einen Versuch, wenn Du es vermagst, die irregeleiteten und verblendeten Soldaten, welche ihren Fahneneid gebrochen und im Rausche ihre Fahnen in den Koth getreten haben, unter denen Tausende gefochten, geblutet und gesiegt und darunter auch Dein verstorbener Onkel, der brave Oberst v. Holtzing, zur Be-

finnung und Pflicht gegen das Vaterland zurückzuführen.
Vertraue auf die Gnade des Großherzogs, in dessen
Brust ein edles Herz schlägt. Die im Mai erschienene
Amnestie des Großherzogs für die zu ihrer Pflicht zu-
rückkehrenden Soldaten lege ich bei, theile sie ihnen mit.
Da ganz Baden von den Reichstruppen besetzt ist, ist
jeder Versuch, Rastatt zu vertheidigen, nicht nur vergeblich und tollkühn, sondern es ist selbst ein schänd-
liches, ehrloses Beginnen. Bedenke, daß der Tod jedes
in oder vor Rastatt fallenden Kriegers ein Mord ist
und daß dieser Dir, als dem Kommandanten, zur Last
fällt. Hüte Dich, Dein Gewissen zu belasten, es gibt
ein Jenseits.

Du bist verwundet, siehe die Wunde als einen Wink
der Vorsehung an, damit nicht andere schon gegossene
Kugeln Deinem Leben ein ehrloses Ende machen. Solltest Du taub gegen die Bitten Deines alten Vaters
sein und gegen das Flehen Deiner bekümmerten Mutter,
Deines Weibes und Deines Söhnchens, nun dann kann
ich nur beklagen, daß die Kugel, die Dich verwundet,
Dir das Leben nicht geraubt hat. — Solltest Du durch
Gottes Gnade erleuchtet, zur Einsicht kommen, daß Du
auf falschen Wegen wandelst, und solltest Du, meinen
Bitten Gehör gebend, so glücklich sein, den Kampf in
Rastatt zu beendigen, dann hoffe ich und wünsche ich,
daß Du Gnade finden mögest.

Verlasse alsdann Deutschland und Europa so schnell
als möglich, und gehe zu Deinem durch Hecker verführten jüngsten Bruder nach Amerika. Die Mittel zur

Ueberfahrt werde ich Dir bei Deinem Onkel in Bremen anweisen. Ernähre Dich als fleißiger Landmann. Es ist der einzige Weg, der Dir im glücklichsten Falle übrig bleibt.

Nochmals beschwöre ich Dich, Dein Ohr nicht den Bitten und dem Rathe Deines alten Vaters und Deiner tiefbetrübten Mutter zu verschließen. Bedenke, daß alle die mannigfaltigen Widerwärtigkeiten, die Dich im Leben betroffen haben, vorzüglich daraus entsprungen, daß Du für guten Rath taub warst.

Von Dir hängt es ab, ob Dies die letzten Zeilen sind, die Du von der Hand Deines Vaters zu Gesicht bekommst.

Gott erleuchte Dich, das ist jetzt der einzige Wunsch, den Dein treuer Vater hegt.

(gez.) Tiedemann."

In der zweiten Hälfte des Monats Juli fingen die Lebensmittel an knapper zu werden. Daß der Kalbs= braten schon früher verschwunden, wie Fickler berichtet, wußte ich damals nicht, weil dieser nicht zu meinen täglichen Bedürfnissen gehörte und ich eigentlich vorherr= schend, wenn auch nicht grundsätzlicher, so doch thatsäch= licher Vegetarianer war; aber die Milch wurde seltener, das Weißbrod verschwand, das Schwarzbrod war, von ersticktem Mehle, säuerlich. Auch das Bier ging zu Ende, was zu der Hoffnung auf balbige Uebergabe be= rechtigte. General von der Gröben hatte unsern Gou= verneur wiederholt durch Zusendung von Zeitungen von der Lage des Landes und der Hoffnungslosigkeit der-

Vertheidigung unterrichtet, wovon jedoch keine Kunde
in's Publikum drang. Nun machte er das Anerbieten,
es sollten zwei Offiziere der Besatzung mit sicherem Ge=
leite das Land bis Konstanz bereisen, um sich von den
Verhältnissen durch Augenschein zu überzeugen. Dieses
Anerbieten wurde angenommen und wurden Corvin
und Major Lang, ein ehemaliger Feldwebel des 2.
Regiments, zu diesem Zwecke aus der Festung entlassen.
Während diese Herren auf der Reise waren, wurde nur
selten geschossen, unter der Besatzung nahm aber die
Insubordination immer mehr zu. Zahlreiche Ausreiße=
reien fanden statt, das Rheinthor sei in einer Nacht
offen gestanden, so daß die Preußen herein gekonnt
hätten, wenn sie es gewußt oder auf einen Straßen=
kampf es hätten wollen ankommen lassen. In dieser
Zeit wurde auch der Bahnhof in Brand gesteckt, wie
Fickler sagt, durch die Preußen; ich hatte immer ge=
glaubt, es sei durch die Belagerten geschehen, um den
Preußen einen Hinterhalt zu nehmen.

Am 21. Juli kamen Corvin und Lang von ihrer
Rekognoszirungsreise zurück und meldeten, daß „Alles
aus“ sei. Die aufständische Armee hatte sich ergeben
oder war in die Schweiz geflohen. Das ganze Land
war von den Preußen besetzt. — Der Gouverneur be=
stellte auf folgenden Morgen einen Kriegsrath in's
Schloß, bei dem außer den Offizieren von jeder Kom=
pagnie zwei Gemeine und zwei Unteroffiziere erscheinen
sollten. Weil ich wußte, daß von genauer Ordnung
keine Rede war, begab ich mich auch in den großen

Türkensaal des Schlosses, in der Voraussetzung, daß ich als Gemeiner irgend einer Freischaar betrachtet würde. Und richtig, kein Mensch fragte nach Legitimation, es hatte Jeder Zutritt, der es gewagt hatte, zu erscheinen.

Tiedemann erklärte, es sei nun Zeit, an die Ueber= gabe zu denken. Einige Tage könne man sich schon noch halten, obwohl es an Fleisch und Wein fehle, aber im Lande sei Alles vorüber. Zudem seien alle Bande des Gehorsams gelöst, heute Nacht hätten wieder zahl= reiche Desertionen stattgefunden, das Rheinthor sei offen gestanden. Er habe nun genug. Nun trat der ge= schmeidige Corvin auf und erzählte, was er im Lande gesehen. Bis nach Konstanz sei dasselbe von den sieg= reichen Exekutionstruppen besetzt. Fernerer Widerstand wäre Unsinn. Nur ein Volkswehrmann sprach sich gegen die Uebergabe aus, seine Aeußerungen wurden aber mit allgemeinem Murren aufgenommen. Die Ver= sammlung beschloß:

1) Die Uebergabe sei im preußischen Lager anzu= tragen.
2) Sie habe an den Großherzog, als den Herrn des Landes, zu geschehen.
3) Günstige Bedingungen sollen Corvin und Lang zu erhalten suchen.
4) Der preußische Major Hinderfin sollte als Zei= chen, daß die Besatzung mit der Uebergabe es aufrichtig meine, freigegeben werden.

Tiedemann schickte an den General von der Gröben folgendes Schreiben:

Rastatt, den 22. Juli 1849.

Das Gouvernement der Reichsfestung Rastatt

an

ben Gr. K. v. b. Gröben, kommanb. General bes 2. Korps ber Rheinarmee 2c., Korpsquartier Kuppenheim.

Dem großen Kriegsrathe wurde soeben burch unsere nach Freiburg unb Konstanz Abgeordnete bie Lage ber gegenwärtigen Verhältnisse klar bargestellt. Das Resultat ber Berathung war: baß man unter ben obwaltenben Umständen zwar Willens sei, bie Reichsfestung, für welche man sie bis jetzt gehalten habe, zur Verfügung bes Reichs zu stellen; baß man aber bie zu unsern Gunsten sprechenben Thatsachen bazu benützen müsse, über bas Schicksal ber Besatzung wenigstens klare Bestimmungen zu erhalten.

Die Solbaten unb Volkswehren fügten sich ber im Lanbe bestehenben unb anerkannten Regierung unb fochten für bie Reichsverfassung, welche sie noch unter bem Großherzog beschworen hatten unb welche von bem größten Theil ber beutschen Fürsten anerkannt wurbe.

Ter Großherzog hatte mit seinen Ministern bas Land verlassen unb so bie Solbaten gezwungen, ber an seine Stelle sich setzenben Regierung zu gehorchen. Die Proklamationen bes Großherzogs sinb von ihnen fern gehalten worben unb ihnen eben so wenig zur Kenntniß gekommen, wie bas Anbieten von Verzeihung für alle Die, welche sich bis zum 5. Juli bem Großherzoge wieber unterwerfen würben, ba bie Festung bereits seit bem

Ende des vorigen Monats so eng zernirt war, daß kein Blatt hineingelangen konnte.

Die sich in der Festung befindenden Fremden boten der in Baden allgemein anerkannten Regierung ihre Dienste zur Aufrechthaltung der Reichsverfassung an. Ihre Dienste wurden angenommen und sie stehen in einer Kategorie mit den Truppen.

Die ganze Besatzung, für eine loyale Sache fechtend, glaubt vollkommen in ihrem Rechte gehandelt zu haben, und verwahrt sich daher gegen den Titel Rebellen und die gegen solche gebräuchliche Behandlung. Jetzt, da die provisorische Regierung sich aufgelöst hat, was die Besatzung erst seit heute Morgen weiß, und der Großherzog sein Recht auf die Regierung fernerhin behauptet — was er durch sein Verlassen des Staats aufzugeben schien, — so steht die Besatzung keinen Augenblick an, sich ihrem rechtmäßigen Fürsten zu unterwerfen, und stünde er mit einem Baden'schen Heere vor dem Thore, so würde die Besatzung ihm ohne alles Mißtrauen entgegen ziehen. Die Zusicherungen von milder Behandlung aber, die uns von dem Anführer der königlich preußischen Truppen gemacht werden, sind nicht ganz geeignet, die Besatzung zu beruhigen, wenn sie nicht etwas bestimmter gefaßt werden. Da die Besatzung die Festung noch hat, da sie dieselbe noch mehrere Wochen halten kann, während welcher bei dieser bewegten Zeit Ereignisse in den Nachbarländern möglich sind, die den Entsatz zur Folge haben könnten; da ferner durch die sofortige Uebergabe dem Reich große Ausgaben und

Schaden erspart werden: so glaubt die Besatzung, daß es wenigstens billig sei, ihre Wünsche zu berücksichtigen: daß nämlich alle Theile der Besatzung, Soldaten, Volks= wehren und Fremde, gleichmäßig behandelt werden möch= ten, oder daß man den letzteren freien Abzug nach Frank= reich oder der Schweiz bewillige.

Um indessen zu zeigen, daß die Besatzung gern auf dem Wege des Vertrauens entgegen kommt, so ist be= schlossen worden, daß der gefangene königlich preußische Major des Generalstabes Hindersin zugleich mit diesem Briefe in das preußische Korpsquartier geschickt werden soll.

(L. S.)   (gez.) G. N. Tiedemann.

Oberst.

Darauf gab von der Gröben folgende Antwort:

„Preußen kämpft nicht für sich, sondern für Deutsch= lands Einheit, für seine wahre Freiheit. Zunächst in Baden für Se. Königl. Hoh. den Großherzog von Baden.

Wenn die Besatzung sich den vor Rastatt stehenden preußischen Truppen ergibt, so ergibt sie sich ihrem recht= mäßigen Landesherrn.

Die Uebergabe erfolgt aber dann nur auf Gnade und Ungnade.

Auf besonders zu bewilligende Bedingungen kann nicht eingegangen werden. Ich werde mich jedoch dahin verwenden, daß der Besatzung alle diejenige Rücksicht zu Theil werde, welche die Umstände gestatten.

Im Lager vor Kuppenheim, 22. Juli 1849, um 3½ Uhr.

Der kommandirende General,

(gez.) Gr. v. d. Gröben.“

Am Abend wurde in Rastatt folgende Proklamation angeschlagen:

„Kameraden! Mitbürger! Morgen früh 8 Uhr wird der große Kriegsrath in dem Lokal, wo er heute versammelt war, von Neuem berufen, um die Antwort, welche uns vom preußischen Lager geworden ist, mitgetheilt zu erhalten. Ich erwarte erforderlichen Ernst und keinerlei Exzesse, damit wir am Ende unsere edle Sache nicht besudeln mit Vergehen und Verbrechen. Die Preußen haben um einen Kübel Eis gebeten, welcher ihnen durch einen Unteroffizier übersandt werden wird.

Der Gouverneur:

G. N. Tiebemann, Oberst.

Am 23. Juli, Morgens 8 Uhr, war ich wieder im großen Saale des Schlosses beim „Kriegsrath“. Corvin trug vor, von der Gröben bestehe darauf, daß die Uebergabe auf Gnade und Ungnade geschehe. Von Bedingungen könne keine Rede sein. Das klinge zwar hart, werde aber in der That nicht so schlimm werden. „Wir Offiziere werden zwar nicht so leicht davon kommen“, aber die Mannschaften sollten sich verlassen auf die Humanität der Königl. preußischen Truppen und vorzüglich auf die Milde des Großherzogs. — Ich hätte dem mir vorher so widerwärtigen Manne auf diese Rede hin eine Batschhand geben mögen, obwohl ich mir dachte, daß vorzüglich der Selbsterhaltungstrieb sie ihm eingegeben. Tiebemann warf seinen Säbel auf den Tisch des Vorsitzenden, mit der Bemerkung, es möge bei dieser Besatzung Gouverneur sein, wer wolle. Heute Nacht hätten wieder viele Ausreißereien stattgefunden. Eine Lünette sei von der ganzen Besatzung verlassen worden. — Der Kriegsrath beschloß, Corvin und Biedenfeld in's preußische Hauptquartier zu schicken. Dieselben erhielten noch den besonderen Auftrag, dahin zu wirken, daß die Offiziere ihre Pferde und ihr Gepäck mitnehmen dürfen; ein Beweis, in welchen Selbsttäuschungen man sich wiegte. Um 10 Uhr schon begaben sich dieselben nach Kuppen= heim mit folgenden Schreiben Tiedemanns:

Rastatt, den 23. Juli 1849.

Das Gouvernement der Reichsfestung Rastatt.
Vollmacht.

Der Oberst v. Biedenfeld, Kommandeur des britten Regiments, und Oberst=Lt. und Chef des Generalstabes Otto v. Corvin=Wiersbitzky, erhält hiermit von mir und der gesammten Besatzung die Vollmacht, wegen der Uebergabe der Reichsfestung Rastatt, nach den ihm er= theilten mündlichen Instruktionen, mit dem Befehlshaber des Belagerungsheeres zu unterhandeln und definitiv abzuschließen.　　　Der Gouverneur:

(gez.) G. N. Tiedemann.
Oberst.

Rastatt, den 23. Juli 1849.

Das Gouvernement der Reichsfestung Rastatt
an
den Herrn Grafen v. d. Gröben ꝛc.

In Beantwortung Ihres Gestrigen, in untenstehen= dem Betreffe, theile ich Ihnen den Beschluß der Be=

7

satzung von Rastatt mit, welcher dahin lautet, sich Sr.
Königl. Hoheit dem Großherzog zu ergeben, und spreche
ich die feste Ueberzeugung aus, daß die in unsern Reihen
sich befindenden Fremden billiger und gerechter Weise
betrachtet und behandelt werden möchten als solche, welche
einer von einem ganzen Lande anerkannten Regierung
ihre Dienste anboten, und durch sie bedienstet, ja daß
dieselben durch öffentliche Blätter aufgefordert wurden;
auch befindet sich meines Wissens keiner der Rädels=
führer der Bewegung in unserer Mitte.

Ihre Gefangenen wurden entlassen.

Der Gouverneur:

(L. S.)   (gez.) G. N. Tiedemann,
Oberst.

Obwohl nun der entscheidende Schritt geschehen, be=
fand sich die Einwohnerschaft doch in einem unheimlichen
Zustande. Wer bürgte dafür, daß von der Besatzung
nicht noch eine That der Verzweiflung verübt wurde?
Die Soldaten vertilgten, was an Wein noch aufzu=
treiben war, und man begegnete am Vormittage schon
vielen Betrunkenen. Es konnte noch zu Plünderung
und Straßenkampf kommen. Glücklicherweise waren solche
Befürchtungen vergeblich. Nachmittags nach 1 Uhr
rasselte der Generalmarsch zum letzten Mal durch die
Straßen. Er rief die Mannschaften und den Kriegs=
rath zusammen, dem ich wieder anwohnte. Corvin und
Biedenfeld waren zurückgekehrt. Es wurde folgende
Kapitulation verlesen:

Verhandelt im Lager zu Niederbühl, den 23. Juli 1849.

Es erschienen unter heutigem Dato als Abgesandte der Besatzung der Festung Rastatt die in den beiliegenden Dokumenten als Oberst v. Biedenfeld und Oberstlieutenant Otto v. Corvin-Wiersbitzky Bezeichneten, mit Vollmacht ausgerüstet, um über die Uebergabe der Festung Rastatt zu unterhandeln. —

Als Bedingungen wurden festgesetzt:

1) Die Besatzung unterwirft sich auf Gnade und Ungnade Seiner Königlichen Hoheit dem Großherzog von Baden, und ergibt sich den vor der Festung stehenden preußischen Truppen. Sie nimmt dabei die Gnade Seiner Königlichen Hoheit in Anspruch, die andern Truppen unter ähnlichen Verhältnissen bewilligt sein soll. Eine feste Zusage kann der kommandirende General des 2. Armeekorps nicht geben, wird aber seine gestern gegebene Verheißung zu erfüllen bemüht sein.

2) Heute Nachmittag um 3 Uhr wird das Fort C den preußischen Truppen übergeben, welche zum Ottersdorfer Thor einrücken, und von einem Offizier der Besatzung werden geführt werden — dieser Offizier meldet sich schon in Rheinau bei dem Oberst v. Rommel.

3) Die Besatzung rückt in 3 Kolonnen heute um 5 1/2 Uhr und zwar möglichst gleichmäßig vertheilt, aus; voran die Artillerie, dann Linie, dann

7*

Volkswehr — die Kavallerie zu Fuß (unter Zu=
rücklassung der Pferde).

4) Auf dem Glacis werden sämmtliche Waffen ab=
gelegt, das Gepäck der Offiziere wird auf Wagen
aus der Festung, unter preußischer Bedeckung,
nachgeführt. Die höheren Führer können zu
Pferde sein.

5) Der Kommandant übergibt einem preußischen
Offizier, welcher um 2½ Uhr als Parlamentär
sich bei der Festung ankündigt, das Verzeichniß
sämmtlicher vorhandenen Truppentheile, nach
Waffen geordnet, sämmtlicher Geschütze, Gewehre,
Munition, Provision, Pläne und alles Dessen,
was zur Ausrüstung der Festung gehört.

6) Die preußischen Truppen werden am Iffezheimer
Walde, um 4½ Uhr, bei Niederbühl und an
der Karlsruher Straße im Nieder=Rastatter=
Walde stehen und die Besatzung daselbst in Em=
pfang nehmen.

7) Die Bürgerwehr legt heute um 2½ Uhr Mit=
tags auf dem Rathhaus die Waffen ab.

Im Auftrag des kommandirenden Generals des
2. Korps der Rheinarmee, Generallieutenants Grafen
v. d. Gröben.

(gez.) v. Albensleben,
Major im Generalstabe.

(gez.) v. Biedenfeld, (gez.) Corvin=Wiersbitzky,
  Oberst.   Oberstlieutenant.

Diese Kapitulation wurde stillschweigend angenommen. Es wurde noch ermahnt, alsbald alle Gewehre zu entladen; ein einziger Schuß beim Einmarsch der Preußen könnte das größte Unglück über die Stadt bringen. Ich wunderte mich, daß diese Kapitulation vollständig widerspruchslos angenommen wurde, war aber innerlich hoch erfreut darüber. Freilich, es durfte ja das Gepäck der Offiziere mitgeführt werden, die höheren Offiziere durften ihre Pferde mitnehmen! Die guten Leute bildeten sich ein, sie legten einfach auf den Glacis die Waffen ab und gingen dann ihre Wege. Hörte ich doch, wie die Freiburger Studenten einander auf den Abend in den „Gramm“ bestellten und die Karlsruher im „Hack“ sich treffen wollten. Sie glaubten offenbar, es stünden Extrazüge für sie bereit. Ich hütete mich wohl, als ich von verschiedenen Bekannten mich verabschiedete, diese Illusionen zu stören. Zu Hause angekommen, schoß ich meine Pistole ab und einen Karabiner, den ein bei uns einquartierter badischer Soldat zum späteren Abholen zurückgelassen und den er von den Preußen erbeutet haben wollte.

Uebergabe und preußischer Kriegszustand.

Auf Abends 5½ Uhr war der Abzug der Besatzung festgesetzt. Ich begab mich um diese Zeit an das Nie= derbühler Thor, weil dort die Festungsartillerie, unter welcher ich viele Bekannte hatte, abmarschiren sollte. Das Thor war schon von Preußen besetzt, die etwa fünf Schritte von einander entfernt, auf beiden Seiten mit gespannten Hahnen eine Kette bildeten. Die gefährlichen Kanoniere mußten zuerst abmarschiren. In einem langen Gliede zu zwei und zwei rückten sie an, viele betrunken, die meisten rauchend. Der erste, der an der ersten preu= ßischen Wache mit der Zigarre im Mund vorüberging, erhielt von dieser einen Faustschlag mit dem Ausrufe: „ihr Schweinehunde wollt rauchen vor königlich preußi= schen Truppen!" Als ich wiederholt diese Exekution beobachtet hatte, sprang ich zurück und beschwor die Ka= noniere, sie möchten ihre Zigarre oder Pfeife aus dem Munde nehmen, ansonst sie gehauen würden. Meine bringende Mahnung nützte wenig, weßhalb noch Viele Ohrfeigen und Kolbenstöße erhielten. Wenn die Kano= niere das vorher gewußt hätten! Nach der Artillerie rückte das dritte Regiment an mit klingendem Spiele, was ich als simpler Studiosus sonderbar fand. Biebenfeld war geschmückt mit einer ganzen Reihe von Orden und hatte die Pfeife im Mund, wie er das auch im Gefechte geübt hatte. Auf der Brücke sprengte ein junger preußischer Offizier auf ihn zu und herrschte ihn an, die Musik schweigen zu lassen. Biebenfeld erwiderte: „noch bin ich Kommandant dieses Regiments". Der junge Preuße legte seine Hand an den Säbelgriff und schrie: „wollen Sie die Musik schweigen lassen?!" Biebenfeld gebot der Musik, zu schweigen. Damit war er aber noch nicht erlöst. Der junge Preuße verlangte noch gebieterisch, daß Biebenfeld seine Pfeife entferne, weil es sich nicht zieme, vor Königl. Preuß. Truppen zu rauchen. Nach einigem Sträuben verstand sich der alte Biebenfeld auch dazu. Ich hatte nun schon einen kleinen Vorgeschmack von der „Humanität" der Königl. Preuß. Truppen. Kaum war das dritte Regiment draußen, rückte ein preußisches Landwehrbataillon herein und stellte sich in der Nähe des Thores auf. Ein rothbärtiger Feldwebel bat mich in höflichem Tone, ich möchte doch für die Mannschaften Wasser holen. Ich eilte in die dort einsam stehende „obere Mühle", requirirte Kübel und Hafen und trug bald einen Kübel voll klaren kühlen Brunnenwassers vor die Front. Als ich mich entfernen wollte, bekam ich keinen Dank für meinen Samariterdienst, sondern der vorher so höfliche Rothbärtige herrschte mich an: „Halt, Freischärler, sauf zuerst, es könnt' Gift drinn sind!" — Und so „soff" ich

zuerſt. Die Preußen waren offenbar der Meinung, jede
Mannsperson in Raſtatt ſei ein blutdürſtiger Freiſchärler.
Ich war tief verſtimmt, daß ich loyaler Menſch von
dieſen Preußen, die ich ſo ſehnſüchtig erwartet hatte,
ſogar für einen Giftmiſcher gehalten wurde. Ich zog
mich zurück an die Mühle und ſtellte mir vor, wie es,
nach ſolchen Vorgängen zu ſchließen, unſeren Leuten
draußen auf den Glacis nun ergehen möge. Aus dieſen
Träumereien wurde ich aufgeſchreckt durch einen berit=
tenen Offizier, der mich alſo anherrſchte: „Will Er mich
grüßen, Er treuloſer Hund! Wart' Kanaille, Euch
werden wir lehren!" Im nämlichen Momente ritt ſein
Begleiter, ein blauer Huſar, auf mich zu, um mit der
Säbelſcheide mir Eins zu verſetzen. Schnell mein Käpp=
chen herabreißend eilte ich in die Mühle, wo ich vor
ſolch' preußiſchem Anſtandsunterricht ſicher war. Ich
erfuhr erſt nachher, wem ich dieſe Lektion eigentlich zu
verdanken hatte. Neben und hinter mir war ein Ra=
ſtatter Philiſter geſtanden, der, von mir gar nicht be=
merkt, vor dem Offizier ein purzelbaumähnliches Kom=
pliment gemacht hatte. Dieſer Kontraſt mußte dem hohen
Herrn auffallen, und es· iſt leicht erklärlich, daß er
meine Unbeweglichkeit für ein Zeichen freiſchärleriſcher
Verſtocktheit hielt. Wenn ich ihn übrigens auch bemerkt
hätte, hätte ich ihn doch nicht gegrüßt, weil er nur ſil=
berne Epauletten hatte, während die badiſchen Generale
mit goldenen Epauletten geſchmückt waren. Für einen
General hätte ich ihn alſo nicht gehalten und alle an=
deren Offiziere zu grüßen, wäre in einem ſolchen Waffen=

platze doch eine starke Zumuthung gewesen. Sie wurde
aber gemacht, diese starke Zumuthung. In den ersten
Tagen wurden manchen Herren von einfachen Lieute=
nants die Hüte vom Kopf geschlagen, weil sie nicht ge=
grüßt hatten. Ich grüßte künftig jeden Offizier, dem
ich nicht ausweichen konnte. Wo ich dies konnte, that
ich es, wenigstens vertiefte ich mich in ein Schaufenster,
bis die Herren vorüber waren. Den „treulosen Hund"
habe ich nicht vergessen. Der Hund muß den preußi=
schen Militärs bei ihren Schimpfereien oft aushelfen.
„Schweinehund", „Himmelhund" und „Millionenhund"
habe ich öfters aus dem Munde preußischer Militär=
vorgesetzter gehört. Auch das Rauchen vor Königlich
Preußischen Truppen war damals stark verpönt. Wenn
man an einer Schildwache mit einer Zigarre im Mund
vorüber ging, ertönte ein kräftiges „Zigarre heraus!"
Jetzt ist das auch anders geworden. —

Nachdem ich diese ersten Begegnungen mit den preu=
ßischen Truppen überstanden hatte, eilte ich nach Hause,
wo eben der Ausscheller verkündigte, alle Waffen müß=
ten sogleich abgeliefert werden. Meine Pistole gönnte
ich den Preußen nicht und brachte sie in sichern Versteck;
mit dem Karabiner begab ich mich auf den Weg zum
Rathhause. Wiederholt wurde ich von mir begegnenden
Preußen angerufen: „Halt Freischärler, wohin mit dem
Gewehr?" Nachdem ich befriedigende Antwort gegeben,
durfte ich passiren, „Freischärler" wurde ich an selbi=
gem Abend noch oft titulirt und immer per „Du". Als
ich vom Rathhause herunterkam, riefen mir einige Küras=

siere zu: „Komm mal her Freischärler, zeig' uns unsere Quartiere!" Dem Befehle leistete ich pünktlich Folge. Die Straßen wimmelten von Soldaten aller Waffengattungen. Dazwischen hinein vernahm man das schrille Pfeifen der Spielleute, das zwar zum taktmäßigen Marschiren sehr zweckmäßig sein soll, aber nichts weniger als schön ist. Von der Ferne gehört, hat es den Karakter des Wilden.

Die Aufständischen wurden, nachdem sie auf den Glacis die Waffen abgelegt hatten, wieder in die Festung hereingeführt. In langen Zügen, zu zwei und zwei, marschirten sie wieder herein, geleitet auf beiden Seiten von preußischen Infanteristen, die mit gespanntem Hahnen in Zwischenräumen von etwa 10 Schritten sie bewachten. Es war gefährlich, sich zu nahen. Wer in den Wurf kam, wurde mitgenommen. Schmiedmeister Hörbt, der in seinen leinenen Feuerwehr- kleidern vor seinem Hause einen solchen Zug beschaute, wurde von einem Preußen, der ihn für einen Freischär- ler hielt, unter die Gefangenen geschoben und mitge- nommen. Es dauerte ungefähr acht Tage, bis seine An- gehörigen ihn ausfindig gemacht und befreien konnten. Die Gefangenen wurden in den Kasematten unterge- bracht, deren wenigste damals vollendet waren; die meisten waren feucht und noch nicht mit hölzernen Fuß- böden und Fenstern versehen. In manche Kasematte wurden so viel Mann hineingeschoben, daß man noch knapp die Thüre schließen konnte. Die Gefangenen standen so dicht bei einander, daß keiner umfallen konnte; vom Liegen konnte daher keine Rede sein. Erst nach

einigen Tagen kam Ordnung in diese Verhältnisse. —
Am andern Vormittag sah ich in der Vorstadt Dörfle
einige Trupp Gefangene, welche unter militärischer Begleitung an den Brunnen Wasser holten. Sie riefen
die Vorübergehenden an, ihnen doch „um Gottes Willen" etwas zum Essen zu bringen, sie müßten sonst
verschmachten. Wie leicht begreiflich, war für die Gefangenen in keiner Weise gesorgt worden. Die Besatzung,
welche allein einige Vorkehr hätte treffen können, hatte
ja glücklicherweise keine Ahnung davon gehabt, daß sie
in die Kasematten eingesperrt werden sollte; die Preußen
hatten vollauf für sich selbst zu thun. Der Nothschrei
der Gefangenen verbreitete sich mit Windeseile durch
die Stadt. Und da war es nun wirklich rührend, die
Hilfsbereitschaft der Rastatter Einwohner zu sehen. Obwohl fast alle Häuser voll Einquartierung lagen, fand
gegen Mittag doch eine wahre Völkerwanderung nach
den Kasematten statt, um den Gefangenen Speise und
Getränke zu bringen. Manche von diesen hatten volle
24 Stunden Nichts genossen gehabt; nach den Genüssen
und Aufregungen des vorigen Tages wurden sie am
meisten vom Durste gepeinigt. Ich hatte bald auskund-
schaftet, wo die Festungsartillerie sich befand und be-
dachte meinen Freund Scholderer. Als ich zum ersten
Male an die Thüre seiner Kasematte kam, griffen so
viele Hände zur oberen vergitterten Lichtöffnung heraus,
als Platz hatten, und packten das Dargebotene krampf-
haft wie eine Beißzange. Ein Bündel Zigarren, das ich
reichte, wurde in Atome zerdrückt. Diese freiwillige

Verpflegung der Gefangenen dauerte mehrere Tage. Dann wurde das Essen für dieselben in den Kasernen bereitet und auf Rollwagen in großen Zübern zu den Kasematten geführt, wo die Gefangenen in kleinen Abtheilungen abgespeist wurden. Da für eine Kasematte nur etwa 12 Blechschüsseln mit Löffel vorhanden waren, kam das nämliche Geschirr ungereinigt mehrmal in Gebrauch, was bei den zivilisirteren Elementen hie und da ein Würgen verursachte, je nach der Beschaffenheit des Vordermanns. Auch nachdem die Verpflegung geregelt war, besuchte ich Scholderer öfter, brachte ihm Wäsche, Tabak und verstohlener Weise auch Fleisch und Wein, je nach der Beschaffenheit des wachhabenden Unteroffiziers. Im Allgemeinen waren die Preußen gegen die Gefangenen human, und die Wachen drückten gern ein Auge zu, wenn man denselben etwas zusteckte. Ich trug in der Regel ein Täschchen voll Zigarren bei mir, deren man vier für einen Kreuzer kaufte, und präsentirte sie den Soldaten, die sie gerne annahmen. Nur ein wachhabender Unteroffizier fuhr mich einmal an: „Herrr, wat glooben Sie!" Als ich ihm jedoch begreiflich machte, daß es mir nicht einfalle, einen königl. preuß. Unteroffizier bestechen zu wollen, nahm er auf mein Drängen nicht blos e i n e, sondern meinen ganzen Vorrath von „Freundschaftszigarren" und zeigte sich dafür sehr erkenntlich. Nachdem er Scholderer herausgerufen hatte, entfernte er sich einige Schritte und drehte uns den Rücken, so daß ich ganz ungestört Scholderer meine Mittheilungen machen konnte. Als die Standgerichte in Thätig-

keit waren, korrespondirte ich mit Scholderer mittelst
Tabakpäckchen, in welche ich meine Briefe einsiegelte und
durch welche ich ihn auf dem Laufenden erhielt. Von
ihm habe ich später manche interessante Einzelheit über
das Kasemattenleben der Gefangenen erfahren. In jede
Kasematte wurde von den Preußen eine Bibel gelegt,
die allerdings bei diesen bunt zusammengewürfelten Massen schlecht am Platze war. Eines Tages entdeckte ein
die Kasematte Scholderers inspizirender Offizier, daß
aus der Bibel mehrere Blätter herausgerissen waren,
die, wie der Offizier schon wußte, zu einem sehr unter-
geordneten unnennbaren Zwecke verwendet worden waren.
Da die Thäter nicht gestanden und auch Niemand sie
anzeigte, wurden sämmtliche Insassen der Kasematte auf
die Bank gelegt und abgeprügelt. —

Als am zweiten Tage nach der Uebergabe Wittwe
B. mich ersuchte, ihre Kinder in Selz abzuholen, begab
ich mich zum Stadtkommandanten, dem Major von
Welzien, der im Bankier Maier'schen Hause Quartier genommen hatte, um einen Passirschein zu holen,
ohne welchen Niemand die Festung verlassen durfte.
Dieser Herr von Welzien war der Typus eines Alt-
preußen, wie er im Buche steht, das leibhaftige Eben-
bild jenes preuß. Hauptmanns, der in Hackländers
„Soldatenleben und Frieden" auch im Bilde verherr-
licht ist: lange hagere Figur mit röthlichem Schnauz-
und Backenbarte und großen rollenden Augen. Während ich mein Anliegen vortrug, musterte mich der lange
Herr von oben herab und brach dann in schrillem Pom-

merntone in die Worte aus: „Na, wird wohl auch so
ein Freischärler sind!“ Als ich nun seinen Hausherrn
zum Zeugen meiner Loyalität anrief, befahl er seinem
Schreiber, mir einen Passirschein auszustellen, der mit
meinem Signalement versehen war und auf acht Tage
lautete. Ich will hier gleich erwähnen, welchen Miß=
brauch ich mit diesem Passirschein getrieben habe, der
mich nicht reut und mir auch wegen Verjährung gesetz=
lich nicht mehr angerechnet werden kann. Mein Freund
Rosenthal theilte mir nämlich in jenen Tagen mit, ein
jüdischer Freischärler, der Handlungsbeflissene Kohn aus
Königsberg, sei in argen Judenängsten. Derselbe war
bei der Schweizerlegion gewesen und wählte bei der
Uebergabe den sicherern Theil, er übergab sich nicht,
sondern blieb in der Festung, weil er sich vor der
Humanität seiner Landsleute fürchtete. Der Spezerei=
krämer Sch. nahm ihn aus Mitleid als Ladendiener auf.
Als aber wiederholt verkündigt wurde, daß Jeder,
der einen Freischärler beherberge, standrechtlich behandelt
werde, beschwor Sch. den Königsberger, er möge ihn
und seine Familie nicht unglücklich machen und sein Haus
verlassen. Kohn trieb sich nun mehrere Tage unange=
fochten in den Straßen herum, besuchte seine Glaubens=
genossen, die ihm Nahrung und auch Geld gaben, aber
nicht um Alles in der Welt über Nacht behielten. Die
Nächte brachte er in Gärten zu. Ich verstand mich
dazu, dem Kohn, dessen Figur nicht zu sehr mit meinem
Signalement im Widerspruche stand, meinen Passirschein
zu geben, unter der Bedingung, daß David Löb, der

auch einen Schein hatte, ihn bis zum Bahnhofe begleite
und mir meinen Schein zurückbringe. So kam der arme
Kohn glücklich hinaus und schrieb später aus Kolmar,
daß er unangefochten über die Grenze gekommen. Von
David erfuhr ich, daß die preußische Thorwache den
Passirschein nicht strenge geprüft habe; dieselbe habe
allem Anschein nach ihr Hauptaugenmerk auf den preußischen Adler gerichtet. Man sagte, es hätten viele preußische
Soldaten nicht lesen können und deßhalb nur auf den
gestempelten Adler geschaut. —

Noch einem andern Preußen half ich mit meinem
Passirscheine aus der Festung, und habe demselben höchst
wahrscheinlich das Leben gerettet. Eine Nachbarin sagte
mir, sie habe schon mehrere Tage einen preußischen Freischärler auf dem Speicher versteckt, aber das gehe nun
nicht länger. Derselbe war als preußischer Artillerie-
Unteroffizier desertirt und hatte sich der Pfälzer Legion
angeschlossen. Als er nach der Uebergabe mit seinen
Kameraden wieder hereingeführt wurde, fielen ihm wahrscheinlich die preußischen Kriegsartikel ein und er bekam
schlimme Ahnungen. In der Kapellenstraße entsprang
er der Reihe in das enge Klostergäßchen, wo er im
Zickzack sich bewegte, so daß keine der nachgesandten
Kugeln ihn traf. Die Wachen konnten ihn natürlich
nicht verfolgen, weil sonst die ganze Reihe sich hätte
auflösen können. So kam er wohlbehalten ins Dörfel.
Dieser Mann paßte nun durchaus nicht zu meinem
Signalement, aber dennoch gab ich ihm meinen Schein,
im Vertrauen auf die schon bekannte Praxis der Wachen.

Die Familien, welche Landwirthschaft trieben, bekamen durchweg Passirscheine, um ihre Feldfrüchte einzuheimsen. Der Preuße zog bäuerliche Kleider an, nahm eine Hacke auf die Schulter, die Frau begleitete ihn mit einem Korbe, in welchem dessen Kleider verborgen waren, bis Niederbühl, wo der Flüchtling in einem Hause seinen Anzug wechselte. Die Nachbarin brachte mir meinen Schein wieder zurück. Von diesem Flüchtling hörte ich nichts mehr. An die Stelle des Widerwillens gegen die Aufständischen war damals durchweg das Mitleid getreten. —

Einige Tage nach der Uebergabe begegnete mir Professor Fickler und forderte mich auf, ich solle zum Lyzeumsdirektor, der heute wieder angekommen, gehen, und denselben ersuchen, er möge sich für die in den Kasematten befindlichen Lyzeisten verwenden. Am andern Vormittag unterzog ich mich der Erledigung dieser Kommission. Scharpf saß auf einem Sopha, blos mit Hosen und Hemd bekleidet. Meinen Gruß erwiderte er nicht, sondern stierte längere Zeit vor sich hin. Nach dieser Kunstpause erhob er sein Haupt und fragte: „Leben Sie noch?" — „Ja wohl, Herr Hofrath!" — „So, das freut mich; ich lebe nur noch halber. Was ich ausgestanden habe, davon haben Sie keine Vorstellung." — Und nun erzählte er mir seine Erlebnisse seit seiner Abreise von Rastatt. Am ersten Tag sei er bis Wilferbingen gereist, wo er übernachtete, am andern Tag nach Wildbad, wo er die ganze Zeit geblieben. Da habe er Entsetzliches ausgestanden, keine Zeitungen

bekommen, sei in gräßlicher Ungewißheit gewesen; einmal
habe ein Kohlenbrenner die Mittheilung gemacht: „da
drüben wird geschossen." Nachdem der Direktor mir
seine Qualen ausführlich geschildert, eröffnete ich ihm
den Zweck meines Besuchs. Da fuhr der gebrochene
Mann elastisch auf, trat vor mich hin und rief: „wie,
von meinen Lyzeisten sind in den Kasematten? Was
haben sie denn angestellt?" — „Herr Hofrath, sie waren
bei der Festungsartillerie." — „Mein Gott, bei der
Festungsartillerie!! Ja, wer hieß denn die Unglücklichen
zu dieser anrüchigen Waffengattung gehen? Da kann
ich nichts thun!" —

Ich war zu feig, ihn daran zu erinnern, daß gerade
e r ihren Eintritt zur Artillerie auf's Freudigste begrüßt
hatte; von Eckel erfüllt über diese Karakterlosigkeit,
empfahl ich mich und machte alsbald dem Professor
Fickler Mittheilung über dieses Ergebniß der Audienz.
Dieser versprach, nun selbst die nöthigen Schritte thun
zu wollen. Nach einigen Tagen wurden die Studenten
entlassen, nachdem der Stadtkommandant, Major Welzien,
sie noch mit einer Standrede übergossen hatte. Er könne
sie todtschießen lassen, sagte der gutmüthige Polterer,
aber er habe Mitleid mit ihrer Jugend und ihren Eltern;
sie seien schlecht erzogen, die Schulen in Baden taugten
nichts, kein Wunder, daß es in diesem gottgesegneten
Lande so weit gekommen sei. Wenn ihm aber nochmal
Einer unter die Finger komme, der werde ohne Gnade
erschossen. — Nach einigen Tagen begann der Unterricht
am Lyzeum wieder. Es bestanden damals in Rastatt

zwei Stubentenverbinbungen, sog. Korps, welche sich die
Namen alter Völkerstämme beilegten unb burch farbige
Bänber unb Mützen sich auszeichneten. Die „Aleman=
nen" trugen rothe, bie „Markomannen" weiße Mützen.
Natürlich mußten biese alsbalb wieber ihre wichtige
Korpsthätigkeit beginnen. An einem schönen Vormittag
zwischen 11 unb 12 Uhr machte im Gasthause zu ben
brei Königen ein preußischer Offizier bie Wahrnehmung,
baß mehrere junge Leute mit r o t h e n Mützen in ein
benachbartes Haus sich begaben. Nichts Gutes witternb,
schickte er auf bie Hauptwache unb balb erschienen bier
Bewaffnete, welche bas rothe Nest aushoben. Zum
Stabtkommanbanten geführt, erklärten bie Gefangenen,
sie seien nichts weniger als republikanische Verschwörer,
sonbern unschulbige Alemannen, bie burch rothe Mützen
von ben Markomannen sich unterscheiden. Mit einer
scharfen Strafprebigt wurben sie entlassen.

Am anbern Morgen betrat unser Direktor tief be=
wegt bas Klassenzimmer. Wie um seine Aufregung
niederzukämpfen, schritt er einigemal schwer athmenb
schweigsam vor ber Front auf unb ab. „Was machen
S i e mir für Sachen!" brach er enblich los; „warum
laufen Sie in rothen Mützen herum? Ich muß ja bie
Suppe ausessen! Ich bitte Sie um Gotteswillen, thun
Sie mir bas nicht mehr!" —

Wir hatten unsere stille Schabenfreube über bie
Suppe, welche ber „Nobel" hatte ausessen müssen. Wir
erfuhren später, baß ber Major von Welzien ihn zitirt
unb ihm tüchtig ben Kopf gewaschen hatte. Die an=

stößigen rothen Kappen wurden natürlich nicht mehr
getragen. Die Preußen betrachteten lange die rothe
Farbe als Abzeichen revolutionärer Gesinnung, so daß
selbst die Oberländer Bauern mit ihren rothen Brust=
tüchern nicht mehr sicher waren. Auch die Vollbärte,
die sog. Heckerbärte, waren verdächtig. Die Zivilge=
fangenen, die bald aus verschiedenen Theilen des Landes
nach Rastatt geführt wurden, wurden alsbald ihres
Bartschmuckes beraubt. Die Angeberei trieb bald im
Lande ihr wüstes Unwesen, und so wurden ziemlich
viele sonst behäbige Bürgersleute, wie Wirthe, Müller,
Oekonomen u. drgl. als Gefangene nach Rastatt spedirt,
wo sie, in Soldatenmäntel gehüllt, öffentliche Straf=
arbeiten verrichten mußten. So oft ich in Rastatt über
den Platz vor der Schloßhauptwache gehe, der jetzt schön
geebnet und mit einer Allee versehen ist, denke ich an
die bürgerlichen Sträflinge, welche 1849 dort die Sand=
karren schieben mußten. Wie bald waren damals die
dicken Bäuche der gefangenen Honoratioren geschwunden!
Und auch schweigen lernten die Männer, die meist durch
Zungensünden ins Pech gekommen waren.

Später erzählte mir Einer derselben, ein damals
reicher und angesehener Oekonom (er lebt jetzt noch), der
gerne das Maul voll nahm und sich vor keinem Amt=
mann schenirte, wie die Preußen ihm das Räsonniren
abgewöhnten; sie haben ihm nämlich mehr als einmal
volle kräftige 25 aufgemessen.

Weil ich doch gerade an diesen Gefangenen bin, will
ich noch eines Vorkommnisses erwähnen, von dem ich

8*

Zeuge war. Eines Morgens wollte ich beim Stadt=
kommandanten eine Eintrittskarte zum Standgerichte
holen, mußte aber auf dem Gange warten, bis ich vor=
gelassen wurde. Da brachten zwei Mann den dicken
Rastatter Schneidermeister Wunsch. Kaum war derselbe
ins Kommandantenbüro eingeführt, als Welßien in eine
Art unartikulirtes Geheul ausbrach, aus welchem ich
nur die Worte „Wühler, Wühler" verstand. Bald fuhr
die Thüre auf, heraus flog der dicke Schneider und ein
langes Bein des Kommandanten, dessen besporntes Ende
mit dem Gesäße des Schneiders in Berührung kam.
„Hinaus mit ihm ins finsterste Loch im Fort A, er ist
ein Wühler, er ist ein Wühler!" schrie von Welßien
nach. Ich hatte mich hinter einen Weißzeugkasten ge=
drückt, um im Sturme nicht mitgenommen zu werden.
Eintrittskarte wollte ich keine mehr, und eilte, als der
Sturm sich gelegt hatte, von dannen. Vor dem Hause
stand eine große Menschenmenge, welche durch den Lärm
bei offenen Fenstern herbeigelockt worden war.

Wie ich nachher erfuhr, war der freiheitliebende
Wunsch Tags zuvor aus den Kasematten entlassen wor=
den; Abends saß er in der geliebten „blauen Katz", wo
er einem Freunde seine Erlebnisse erzählte und in ge=
dämpftem Tone beifügte: „So kann's nit lang fort=
gehen!" — Es ging auch wirklich nicht lange so fort;
hinter seinem Rücken hatten zwei preußische Soldaten
das Gespräch belauscht und schleppten den unzufriedenen
Wunsch auf die Wache. Ich sah ihn mehrere Wochen
im alten Soldatenmantel mit Schubkarren und Schaufel

den Schloßberg verschönern helfen, wodurch er sich wenig=
stens eine schlanke Taille erwarb. —

Auch sonst im Lande wurde viel arretirt, überall
waren die Gefängnisse angefüllt. Ein unvorsichtiges
Wort konnte hinter Schloß und Riegel bringen. Ich
erfuhr, daß unser beliebter Professor Weißgerber,
der kurz vor Ausbruch der Revolution von Rastatt nach
Bruchsal versetzt worden war, dort verhaftet wurde.
Im Spätherbste traf ich ihn am Bahnhofe in Baden.
Auf die Frage nach seinem Befinden rief er im stärksten
Pathos aus: „Niemand ist mir treu geblieben, als meine
lieben jungen Freunde. Wie hat man mich behandelt!
Mich, den loyalsten Mann von hier bis Hannover
(Hannover war ihm die Grenzscheide der Kultur), der
nur Fürstenliebe vom Katheder herab predigte, mich
haben zwei elende Gendarmen aus der Klasse heraus
in's Gefängniß geführt, in ein Hundeloch, wo ich auf
Stroh gebettet, keine andere Decke hatte, als meinen
Angstschweiß!" — —

Wir erfuhren später den Hergang. Weißgerber war
in Rastatt Hauptmann bei der Bürgerwehr gewesen und
wurde in Bruchsal, ich glaube, Major. Dort sei er
oft mit dem Schleppsäbel in die Schule gekommen, hie
und da freigebend mit den Worten: „Das Vaterland
ruft mich!" Als bei der „Fahnenweihe" eine Bruchsaler
Festjungfer ihm die Fahne mit sinnigem Spruche über=
reichte, kam er aus dem Häuschen und scheint höheres
Blech gehämmert zu haben. Diese Fahnenrede soll ihn
nämlich ins Gefängniß gebracht haben. Er wurde in

Durlach eingesperrt. Dort schickte er einmal dem wach=
habenden Lieutenant einen Beschwerdezettel mit der Unter=
schrift: „Franz Weißgerber." Der kriegerische Jüngling
kam hinein mit der schnarrenden Frage: „Na nu, wer
ist denn dieser Franz Weißgerber?" — Das soll den
Professor am meisten gekränkt haben, daß der Preuße
von dem bekannten Philologen Franz Weißgerber
Nichts wußte.

In den meist feuchten Kasematten brach bald der
Typhus aus. In mit Stroh belegten Wagen wurden
die halbtobten Kranken, wahre Jammergestalten, tagtäg=
lich in die Lazarethe verbracht. Die Sterblichkeit wurde
so groß, daß nicht mehr jedem Todten ein eigenes Grab
gegraben wurde. Jeden Morgen wurden die Verstor=
benen in eine große gemeinsame Grube gesenkt, wie ich
hörte, ohne Sarg, was ich jedoch nicht verbürgen kann,
und der katholische und protestantische Geistliche verrich=
teten ihre Gebete. —

Während die Preußen gegen die Zivilbevölkerung
strenges Regiment führten, erlaubten sie dem Militär
Manches, was unter badischer Herrschaft nicht so offen
und ungescheut getrieben werden durfte. So wurden
mehrere öffentliche Häuser oder vielmehr Bubiken errich=
tet, vor welchen es mitunter sehr skandalös zuging.
Kaplan Rößler, der voriges Jahr als Pfarrer von
Bietigheim starb, glaubte dieses öffentliche Aergerniß
öffentlich auf der Kanzel rügen zu müssen, womit er
jedoch übel ankam. Der Gouverneur ließ ihn kommen
und drohte ihm mit Kasemattenarrest, wenn er sich noch

einmal unterstehe, so etwas zu predigen. Da viele
Soldaten von der Lustseuche befallen wurden, mußten
sie angeben, von wem sie angesteckt wurden, worauf die
genannten Personen von Militärärzten untersucht wur=
den. Da kam es vor, daß ein Soldat eine ehrbare
Bürgersfrau nannte, bei welcher er im Quartier lag.
Die ärztliche Untersuchung, welcher die Frau trotz alles
Sträubens sich unterziehen mußte, ergab die Grundlosig=
keit der Anschuldigung, welche der Elende aus gemeiner
Rachsucht gemacht hatte. Er wurde, wie man hörte, zu
schwerer Festungsstrafe verurtheilt.

Vermöge ihrer Mundfertigkeit und geriebenen Höf=
lichkeit verstanden es die Preußen, beim schwachen Ge=
schlechte sich einzuschmeicheln. Auch verstanden sich viele
von ihnen vortrefflich auf Windbeutelei. Sie waren
durchweg Gutsbesitzer, Kaufleute u. drgl. m., zum min=
desten „Ackerbaujehilfe“, was sich viel vornehmer aus=
nimmt, als Bauernknecht. Manche Gans hat den „Guts=
besitzer“ büßen müssen.

Die Wachen vor den Kasematten und Lazarethen
hatten sehr strenge Instruktionen; sie mußten auf die
Gefangenen, die sich an einem Fenster zeigten, schießen.
So kam es wiederholt vor, daß Gefangene verwundet
und getödtet wurden. Es war eine recht trübe Zeit,
die auf Rastatt lastete. Schon damals mußten die
Rastatter die Sehnsucht büßen, mit der sie nach Er=
bauung der Festung verlangt hatten. —

Das Standgericht.

Jetzt noch, wenn ich die Worte „Standrecht" und „Standgericht" lese, fröstelt es mich. Unter Standrecht versteht man die summarische Militärjustiz, wie sie in den aufgeregten Zeiten des Belagerungszustandes geübt wird. Die Preußen hatten Eile, dieses furchtbare „Recht" in Anwendung zu bringen. Schon am 7. August wurde die erste Standgerichtssitzung gehalten. Das Rastatter Standgericht, das im Namen des Großherzogs von Baden urtheilte, bestand merkwürdiger Weise nur aus preußischen Militärs, und zwar aus einem Major, einem Hauptmann, einem Premier- und einem Sekondelieutenant, einem Feldwebel, einem Unteroffizier und einem Gemeinen. Bloß der öffentliche Ankläger, der Staatsanwalt, war badisch. Die badische Regierung hatte sich im Anfange jedes Einflusses auf dieses Standgericht begeben. Ein standgerichtliches Urtheil bedurfte keiner höheren Genehmigung, eine Appellation gegen ein solches war nicht gestattet. Erst später, nachdem das Standgericht gar zu blutig gearbeitet hatte, wurde bestimmt, daß jedes nicht einstimmig gefaßte

Urtheil der Bestätigung des Großherzogs bedürfe. Die
Vertheidigung wurde meist von Karlsruher Rechtsanwäl=
ten geführt, mitunter auch von Nichtjuristen. Aus den
Anwälten ist mir in angenehmer Erinnerung der jüdische
Abvokat Straus, der sich sehr warm seiner Klienten
annahm und eine glänzende Beredtsamkeit entwickelte.

Die Staatsanwälte, zum Theil jetzt noch im höheren
badischen Justizdienst, haben bei mir keinen guten Ein=
druck hinterlassen, weil ich mit den Angeklagten Mitleid
hatte und diese Ankläger mit furchtbarer Zähigkeit alle
Belastungsmomente aufrecht zu erhalten suchten und keine
mildernden Umstände wollten gelten lassen. Die Sitzun=
gen, die im Schloß gehalten wurden, waren öffentlich,
doch mußte man von der Kommandantschaft eine Ein=
trittskarte haben. Die Urtheile wurden durch Straßen=
plakate veröffentlicht. Den Verhandlungen habe ich
angewohnt, soweit es der Stundenplan meiner Klasse
gestattete.

Den traurigen Reigen eröffnete am 6. August Ernst
Elsenhans, Sohn eines Pfarrers aus Feuerbach bei
Stuttgart, Literat, zuletzt Redakteur des rabiaten Festungs=
boten. Ihm wurde besonders seine aufhetzende Thätig=
keit schwer angerechnet, er wurde wegen „Hochverrath“
zum Tode durch Erschießen verurtheilt. Wir haben schon
gehört, daß Elsenhans ein Ritter von Geist war, der
an einem offenen Grabe jegliche Religion für Unsinn
erklärt hatte; auch Angesichts des drohenden Todes hat
er in der standrechtlichen Verhandlung sich als religions=
los bekannt. Fickler schreibt über seine letzten Stunden:

„Als das Todesurtheil ihm verkündet war, begehrte er den Beistand des evangelischen Geistlichen, Stadtpfarrers Lindenmayer. Aber vergeblich war die Hoffnung und Bemühung dieses wackern Mannes, ihm die Tröstungen des Glaubens, von dem jener sich losgesagt, zu seinem schweren Gange mitzugeben. Der Verurtheilte bat ihn nur, drei Briefe mit einer kleinen Börse an ihre Adresse zu besorgen; es waren Abschiedsschreiben an drei verschiedene Geliebte, die er zu gleicher Zeit gehabt, von deren einer er Unterstützung erhalten hatte. An letztere sandte der Pfarrer die an ihre Nebenbuhlerinnen gerichteten Zeilen zur Besorgung, damit sie aus der Erkenntniß der Unwürdigkeit ihres Geliebten Tröstung über das Schicksal desselben entnehme.

Uebrigens starb Elsenhans mit demjenigen Muthe, der die letzten Augenblicke der meisten seiner Schicksalsgenossen mit so manchen wüsten Szenen ihres Lebens zu versöhnen geeignet war. „Es ist hart, nur für den Ausbruck seiner Ueberzeugung in den Tod zu müssen", waren seine letzten Worte. Alsbann verband er sich erst auf das wiederholte Zureden des mit der Exekution beauftragten Offiziers die Augen, und nach wenigen Minuten warf der Todtengräber seinen noch warmen Leichnam in die große Grube, die zur Aufnahme der Verurtheilten an dem nördlichen Ende des Friedhofs bereitet war." —

Ebenfalls am 6. August wurde Ernst von Biedenfeld, pensionirter badischer Major, während des Aufstands Oberst des 3. badischen Infanterieregiments, zum

Tode verurtheilt. Diese Verurtheilung hat den Rastat=
tern, die dem Manne Vieles verdankten, besonders wehe
gethan. Ueber das tragische Ende dieses Mannes schreibt
Fickler: „Vom Kriegsgericht zum Tode verurtheilt, hatte
er mit männlicher Ergebung zu demselben sich vorbe=
reitet. Früh 3 Uhr besuchte ihn noch der Seelsorger
seines Bekenntnisses. Unter Gesprächen, wie der Ernst
der Stunde sie erforderte, verbrachte er die Stunde bis
Sonnenaufgang in seinem Gefängnisse, dann im Hofe
der Bastion XXX, wo dasselbe sich befand. Immer
zögert der Todesbote; endlich wird dem Verurtheilten
gesagt, die Hinrichtung sei aufgeschoben. Wie man sich
damals erzählte, war dieser räthselhafte Aufschub durch
ein Schreiben des Generals von der Gröben an den
Gouverneur v. Holleben veranlaßt worden. Auf Bitten
der angesehensten hiesigen Einwohner hatte jener General
sich bewegen lassen, ein Begnadigungsgesuch an den
Prinzen von Preußen einzubegleiten, — welches dieser
freilich, als nicht in seine Kompetenz gehörig, zurückwies.
Die dadurch bewirkte Verzögerung aber kam nach dem
Buchstaben des Gesetzes einer Begnadigung gleich; denn
das Gesetz verordnete, in 24 Stunden müsse das stand=
rechtliche Urtheil vollzogen sein. Deßwegen verlangte
nach Ablauf der gesetzlichen Zeit der Vertheidiger, An=
walt Strauß, seinen Schützling aus den Händen der
standrechtlichen Behörden heraus, und da diese damals
der höchste Gerichtshof in Baden war, so entstund so=
gar die Frage, ob Biedenfeld denn nur auch noch vor
ein anderes Gericht gestellt werden könnte. Die Sache

machte ungeheures Aufsehen. Das Standgericht, die standrechtliche Untersuchungs-Kommission wollten über diese Mißachtung ihrer Stellung und Gewalt sich auf= lösen; vom Kriegsministerium in Karlsruhe kam, viel= leicht im Hinblick auf das Verdrießliche dieses Zwischen= vorfalls, statt einer Begnadigung die Anfrage, warum denn die Hinrichtung noch nicht vollzogen sei? Da er= scheint des zweiten Morgens der in später Nacht zu diesem traurigen Geschäfte befohlene Geistliche vor Bie= denfeld's Bette, ihn auf die sofort angeordnete Exekution vorzubereiten. Damals ist das Herz des Soldaten ge= brochen, der früher so oft dem Tode durch die Kugel, seine kurze Pfeife rauchend, mit Gleichmuth entgegensah. „Das ist hart" — sagte er — und Thränen rannen ihm über die Wangen. Wer wollte bei der Qual so widerstreitender Erschütterungen diese Thränen auch dem Muthigsten verargen? Dennoch hatte er sich bald gefaßt und zeigte im ernsten letzten Augenblicke dieselbe Uner= schrockenheit, die ihn im Leben ausgezeichnet hatte."

Am 10. August kam an die Reihe Gustav Nikolaus Tiedemann, geboren zu Landshut in Bayern, früher badischer Dragonerlieutenant, während der Belagerung Gouverneur von Rastatt, Sohn des Geheimraths Tiede= mann in Heidelberg. Er wurde wegen Hoch= und Lan= desverraths zum Tode verurtheilt und vernahm sein Urtheil gefaßt, wie er sich auch am andern Morgen früh dem Vollzuge desselben muthig unterwarf. Daß er ein gläubiger Christ war, geht aus folgendem Briefe hervor, den er noch an sein Eheweib schrieb:

„Mein geliebtes Weib! Mit bittern Thränen gebe ich Dir Nachricht vom Ende meines Lebens, denn morgen früh um die vierte Stunde werden die Preußen mich zum Tode bringen. Erwünscht ist mir der Friede. Ich bitte Dich um Verzeihung für Alles, wodurch ich Dich etwa beleidigt hätte, und als gute Christin wirst Du mir wohl Verzeihung gewähren, sowie ich auch Deinetwegen Alles verzeihe. Besser, wenn Du nicht allzu sehr um mich leidest. Als gutes Geschöpf aber wirst Du auch das Herbe tragen, Vielbuldende, für unser Kind. Meine Eltern werden mein Erbtheil für meinen geliebten Demetrius ausfolgen. Armes Weib, vielbuldende Gefährtin! Der allmächtige Gott möge Dich heil bewahren. In der andern Welt sehe ich Dich wieder. Ich umarme Dich im Geiste."

Seinen Schwiegereltern und Schwägern sandte er noch Grüße und — seine Vergebung.

Am 11. August Vormittags wurde Konrad Heilig von Pfullendorf, Artilleriewachtmeister, während der Belagerung Major und Kommandeur der Artillerie, wegen „Treubruch und Hochverrath" zum Tode verurtheilt. Am Abend desselben Tages wurde das Todesurtheil vollzogen. Auf seinem Todesgang habe ich ihn noch gesprochen und ihm einen kleinen Dienst geleistet. Als ich Scholderer besuchen wollte, wurde Heilig aus der Kasematte geführt; er war zivil gekleidet und trug eine Reisetasche. Wehemüthig reichte er mir die Hand und ich gab ihm ein Fläschchen Wein, das ich für Scholderer bestimmt hatte. Wie ich nachher hörte, ließ er sich nur widerstrebend die Augen verbinden, entblößte die Brust, und sank, von 10 Kugeln getroffen, zur Erde. Ihm waren alle Thaten der Festungsartillerie auf Rechnung geschrieben worden.

Am 16. August wurde Georg **Bönnig** zum Tode verurtheilt. Derselbe war geboren in Wiesbaden, seines Zeichens ein Uhrenmacher, später Kaffeewirth und hatte während des griechischen Befreiungskrieges die Heimath verlassen, um gegen die Türken zu kämpfen. Er war Oberst der Schweizer Legion, eine lange Figur mit Schleppsäbel, Bluse und rother Schärpe; sein langes wallendes weißes Haupthaar und sein weißer Vollbart gaben ihm ein ernstes ehrwürdiges Aussehen. Sein langes Haar soll er deßwegen getragen haben, weil die Türken ihm die Ohrläppchen abgeschnitten hatten. In der Gerichtsverhandlung berief er sich vergeblich darauf, daß er sich gegen die badische Regierung nicht empört, daß er nur der Einladung der zu Recht bestehenden pro= visorischen Regierung Folge geleistet habe. Am 17. Au= gust wurde das Todesurtheil an ihm vollzogen. Geist= lichen Beistand lehnte er entschieden ab. Die Zigarre im Mund ging er zum Richtplatze, die Augen ließ er sich nicht verbinden, und mit den Worten: „Vater, ich komme zu Dir, um **R a c h e** anzurufen gegen meine **M ö r d e r**" sank er von Schüssen durchbohrt zusammen. An die Menschen, die seine Leute „gemordet" hatten, dachte er also nicht.

Am 24. August wurde Konrad **Lenzinger** von Dur= lach, Korporal der Festungsartillerie und aufständischer

Lieutenant, zum Tode verurtheilt. Das Schicksal dieses Mannes hat mir am meisten Mitleid eingeflößt. Er war ein netter, rothbackiger, bart= und harmloser Mensch, den Scholderer hie und da auf unsere Kneipe mitgebracht hatte. Beim Ausbruch der Meuterei lag er schwer krank im Lazareth. Weil er ein guter Mensch war, machte ihn seine Batterie zum Lieutenant. Bei seiner Genesung war die Festung schon geschlossen, und er wurde zum Kommandanten von Bastion **XXX** ernannt. Von dort aus wurde Niederbühl in Brand geschossen und der gute Lenzinger wurde dafür verantwortlich gemacht. Dieses Todesurtheil zeigte ich meinem Freund Scholderer in einem Tabakspäckchen an mit dem Bemerken, daß jetzt keiner mehr von ihnen sicher sein könne. Wenn Lenzinger erschossen werde, müsse er, Scholderer, zehnmal erschossen werden.

Am nämlichen Tage wurde Phil. Zenthofer, Büchsen= macher und Kanonier von Mannheim, wegen Hochver= raths erschossen.

Am 25. August wurde auch der Pole Mniewski verurtheilt. Ein ganz merkwürdiges Schicksal hat diesen Mann vor das Standgericht gebracht. Als Freischaaren= führer sollte er den Brückenkopf bei Germersheim ver= theidigen, hatte aber am 20. Juni Abends die Vorposten zurückgezogen und sich zeitig in Philippsburg zur Ruhe gelegt, aus welcher er erst durch die Schüsse der preußi= schen Vorhut aufgeschreckt wurde. Es gelang ihm, durch Flucht sich vor den Preußen zu retten, er wurde aber von den eigenen Leuten als „Verräther" verhaftet; in

jenen Tagen mußte ja jeder Unfall von Verrath her=
rühren. In Karlsruhe von der Bürgerwehr bewacht
wurde er von der fliehenden Armee vergessen.

Als die Preußen sich Karlsruhe näherten, bat er den
wachehabenden Offizier der Bürgerwehr dringend um
Freilassung. Als dieser bemerkte, er sei im Wachtbuche
eingetragen und müsse bei der Ablösung übergeben wer=
den, rief Mniewsky aus: „dann bin ich verloren!" —
Nach der Uebergabe der Festung wurde er dorthin ab=
geliefert. Da er nur polnisch und französisch sprach,
diente Bankier Mayer als Dolmetscher in der stand=
gerichtlichen Verhandlung. Das über ihn ausgesprochene
Todesurtheil vernahm er mit eiserner Ruhe und verneigte
sich gegen den Major, der es verkündigte. Nachher, als
Stadtpfarrer Buchbunger ihn besuchte, verlor er die
ruhige Fassung, er wurde von Schmerz überwältigt.
„Mein armes Vaterland ist mein einziges Verbrechen,
es ist Schuld an meinem Tode", klagte er diesem. Auf
den Zuspruch des Geistlichen, daß der Christ nicht mit
solcher Gesinnung aus dem Leben scheiden dürfe, beruhigte
er sich. Er verzieh seinen Richtern und bereitete sich
auf den letzten Gang vor. Er übergab dem Stadt=
pfarrer eine Muttergottes=Medaille, die er auf der Brust
getragen hatte, mit der Bitte, sie seiner Schwester in
Polen zu schicken, und küßte denselben zum Abschiede.
Als Buchbunger tief bewegt nach Hause kam, hatte er
die Medaille sammt der Adresse verloren, worüber er
lange ganz trostlos war. Unter Thränen hat er mir
das später selbst erzählt.

Da die standgerichtlichen Todesurtheile innerhalb 24
Stunden vollzogen werden mußten, der folgende Tag
aber ein Sonntag war, an welchem doch nicht füsilirt
werden sollte, wurde Mniewsky noch am nämlichen Tage,
Abends, erschossen. Auf dem Richtplatze (einem Festungs=
graben) angekommen, grüßte er die auf dem Walle
stehenden Zuschauer mit der Mütze und den Worten:
„Adieu, meine Freunde!" Auf Ersuchen des Offiziers,
der die Hinrichtung befehligte, verband er sich selbst die
Augen, entblößte die Brust und erwartete knieend die
Schüsse. Nach wenigen Sekunden trugen die Todten=
gräber seinen Leichnam auf offener Bahre auf den nahen
Gottesacker und betteten ihn neben Tiedemann in die
kühle Erde. —

Am 3. September wurde Karl Jakobi zum Tode
verurtheilt und Abends 7 Uhr erschossen. Er war Frei=
schaarenführer und während der Belagerung Komman=
dant des Forts A gewesen. In der amtlichen Urtheils=
verkündigung wurde er „Schreiner und Deutschkatholik
aus Mannheim" genannt, wie ich mich noch wohl erin=
nere. Er hatte während der Belagerung zu den Un=
versöhnlichen des entschiedensten Fortschritts gehört.

Am 11. September wurde Ludwig Peter Schade
aus Karlsruhe wegen „Treubruch und Hochverrath" zum
Tode verurtheilt, und am 12. Sept. erschossen. Dieser
junge Mann war früher Kellner in Karlsruhe gewesen
und kurz vor dem Ausbruch der Revolution Soldat
beim 2. Regiment in Freiburg geworden. Bei der Meu=
terei hatte er eine Hauptrolle gespielt, während der Be=

9

lagerung war er Adjutant und unversöhnlicher Haupt=
krakehler. Zum Richtplatze mußte er faſt getragen
werden, er konnte ſich kaum aufrecht halten vor Todes=
angſt. —

Im Ganzen wurden vom Raſtatter Standgericht
20 Todesurtheile gefällt, wovon 19 vollzogen wurden.
Außer den ſchon Genannten wurden noch die folgenden,
die weniger bekannt waren und über deren Perſönlich=
keiten ich nichts mitzutheilen weiß, ſtandrechtlich erſchoſſen:

Andr. **Kunis,** Dragoner aus Pforzheim. (15. Sept.)

· **Günthard** aus Konſtanz, Soldat beim 3. Regiment,
wegen Treubruch, Hochverrath und Anſtiftung zur Meu=
terei. (22. Sept.)

P. **Jäger** von Aglaſterhauſen, Soldat beim 3. Re=
giment, wegen Treubruch, Hochverrath und Anſtiftung
zur Meuterei. (22. Sept.)

Gottfried **Bauer** von Giſſigheim, Pionier, wegen
Anſtiftung zur Meuterei und bewaffnetem Widerſtand
gegen die geſetzliche Gewalt. (4. Okt.)

Joſ. **Kielmarx,** Feldwebel aus Raſtatt, wegen An=
ſtiftung zur Meuterei, Hoch= und Landesverrath. (8. Okt.)

Kohlbecker, Soldat aus Karlsruhe, wegen Anſtif=
tung zur Meuterei, Hoch= und Landesverrath. (8. Okt.)

von **Bernigau** aus Köln, ehemaliger Lieutenant,
wegen Hochverrath. Er hatte ein Freiſchaaren=Bataillon
kommandirt, war in Heidelberg krank zurückgeblieben
und hatte ſich den einrückenden Preußen ſelbſt ausgeliefert.

Vielleicht hat der Umſtand, daß er preußiſcher Offi=
zier geweſen, dazu beigetragen, daß er zum Tode ver=

urtheilt wurde. Aber merkwürdigerweise mußte der arme
Mensch fast acht Wochen auf den Vollzug des Todes=
Urtheils warten. Am 25. August zum Tode verurtheilt,
wurde er erst am 20. Oktober erschossen! —

Am nämlichen Tage fiel unter den Standrechtskugeln
J. Jansen aus Köln, ein junger Mann, der dort Prä=
sident des Arbeitervereins gewesen war. Nach der Er=
krankung von Bernigau hatte er dessen Bataillon über=
nommen, das beim Anrücken der Preußen sich in Mann=
heim ergab. Jansen ritt allein gen Heidelberg, um sich
der revolutionären Armee anzuschließen, wurde aber von
Bauern gefangen und den Preußen ausgeliefert, die ihn
nach Rastatt verbrachten, wo er am 25. August zum
Tode verurtheilt wurde. Auch er mußte also fast zwei
Monate auf den Vollzug des Urtheils warten, das, wie
man hörte, in Berlin bestätigt werden mußte, wie das
Bernigau's.

Ebenso erging es einem ehemaligen preußischen Sol=
dat, Namens Schrader; dieser war der Letzte, der in
Rastatt 1849 standrechtlich erschossen wurde. —

Die ehrsame Stadt Bruchsal hat sich jüngst dagegen
verwahrt, Hinrichtungsplatz zu werden; Rastatt war
damals, man könnte fast sagen, ein wahres Schlachtfeld.
Die Soldaten, welche den traurigen Dienst hatten, die
Todesurtheile zu vollziehen, kamen oft todesblaß aus
dem Festungsgraben. Man sagte, es seien nur solche
Soldaten dazu verwendet worden, die etwas „auf der
Latte" hatten; ob es wahr ist, weiß ich nicht. Jeden=
falls war es eine Strafe, einen wehrlosen Menschen

9 *

niederschießen zu müssen. Der Dampf jener Exekutions=
Salven lag schwer auf den Gemüthern der Bewohner
Rastatts, die doch durch die Verurtheilten Manches
hatten zu leiden gehabt. Man darf wohl annehmen,
daß Mancher mit einer Freiheitsstrafe davon gekommen
wäre, wenn die Kriegs=Justiz nicht so schnell gearbeitet
hätte. Wie Viele haben in jener bewegten Zeit den Weg
der Ordnung verlassen, die jetzt bekorirte „Stützen der
Ordnung" sind! Wären sie dem Rastatter Kriegsgericht
in die Hände gefallen, lägen Viele von ihnen auf dem
alten Rastatter Friedhofe. Freilich, auch die Nürnberger
hängten Keinen, wenn sie ihn nicht hatten. Hier wollte
man an denen, die man hatte, ein Exempel statuiren.
Aber die Hauptmissethäter hatte man nicht.

Ich bin kein Gegner der Todesstrafe, wo es sich um
gemeine Verbrechen handelt; aber ich schätze es hoch,
daß auch bei dem gemeinsten Verbrecher noch milbernden
Umständen Rechnung getragen wird. Wenn aber die
Politik ins Spiel kommt, bin ich ganz entschieden gegen
die Todesstrafe. Was heute in der Politik ein Ver=
brechen ist, gilt möglicherweise nach einigen Jahren als
Verdienst. Bismarck hat ja dem damals zum Tode
verurtheilten aber begnadigten Corvin die Hand geschüt=
telt und sich dabei auf die Gemeinsamkeit der Gesin=
nungen berufen. Die politischen Vergehen sind Fehler
der Erkenntniß, die anderen Verbrechen kommen aus
dem verderbten Herzen, wenn nicht gestörte Erkenntniß
angenommen werden kann. —

Ganz besonders unangenehm berührten die Todes=

urtheile gegen gemeine Soldaten, welche doch nur deß=
halb auf den abschüssigen Weg kommen konnten, weil
in den oberen Regionen nicht Alles in Ordnung war.
„Quidquid delirant reges, plectuntur Achivi" —
„Was die Oberen sündigen, muß das gemeine Volk
büßen" — das lehrten uns jene Todesurtheile. —

Professor Fickler hat auch, als er einen Dragoner
vertheidigte, in bewegter Rede die Standrichter beschwo=
ren, kein Todesurtheil zu fällen über diesen verführten
Bauernsohn; in Frankreich hätten während der Herr=
schaft der 100 Tage die Militärgerichte nur ein einziges
Todesurtheil gefällt, und zwar über einen General. Das
Urtheil lautete dann auch auf Zuchthaus.

Diesen standrechtlich Hingerichteten wurde weder ein
Sarg noch ein Grabhügel gestattet, kein Zeichen sollte
die Stätte erkennbar lassen, wo diese Menschenleiber, in
kühler Erde ruhend, der Auferstehung entgegen harren.
Und jetzt noch, da die Vorgänge von 1849 selbst in
oberen Regionen eine mildere Deutung erfahren, und
alle noch lebenden Missethäter jener Zeit längst begna=
digt und sogar hoffähig geworden sind, liegt noch ein
gewisser Bann auf jenen Gräbern.

Im Jahre 1873 wollten Freunde und Gesinnungs=
genossen den Erschossenen einen gemeinsamen Grabstein
setzen. Die Großh. badischen Behörden hatten Nichts
dagegen einzuwenden, aber das Königl. preußische
Gouvernement legte sein Veto ein durch folgenden
Erlaß:

Gouvernement Sekt. III. Nr. 3523.

Raſtatt, 24. November 1874.

Die Errichtung eines Denkmals auf dem
hieſigen Friedhofe für die im Jahre 1849
Erſchoſſenen betr.

Dem Großherzoglichen Bezirksamte hier mit dem
Bemerken ergebenſt zu remittiren, daß die rayongeſetz=
lichen Beſtimmungen in dem vorliegenden Falle nicht in
Betracht kommen. Die Leichen zum Tode beförderter
Individuen gehören dem Gerichte, dies allein hat
zu verfügen, wie und wo die Beerdigung ſtattfinden ſoll
und ob ein Grabdenkmal zu errichten iſt. Da nun das
hieſige Gouvernementgericht die Nachfolgerin des vor=
maligen badiſchen Kriegsgerichts iſt, welches ſeiner Zeit
die betreffenden Individuen zum Tod durch Erſchießen
verurtheilt hat, ſo wird die Genehmigung der Aufſtel=
lung des Denkmals verſagt.

Der Gouverneur.

(gez.) von Gayl, Generallieutenant.

Später wurde der Stein nach Renchen verbracht
und dient nun als Denkmal für Grimmelshauſen, den
Verfaſſer des Simpliziſſimus. (Amand Gögg, der auf=
ſtändiſche Kriegsminiſter, iſt ein geborener Renchner.)

Man munkelte damals in Raſtatt, daß außer dem
öffentlichen, auch noch ein geheimes Standgericht in
Thätigkeit ſei. Man ſagte, es ſeien viele Legionäre,
Revolutionäre von Profeſſion, in den Feſtungsgräben
erſchoſſen worden. Das Gerücht entſtand dadurch, daß
man häufig früh Morgens von den Feſtungsgräben her

Gewehrsalven vernahm. Einquartirte Soldaten gingen früh fort und sahen nach ihrer Rückkehr bleich und verstört aus. Auf Befragen gaben sie zur Antwort, sie hätten ihre alten Ladungen abfeuern müssen. Das hätten sie freilich auch am hellen Mittag thun können. Professor Schneider hielt mich damals einmal im Lyzeumsgange an und fragte mich, ob ich das Schießen am frühen Morgen nicht gehört hätte. Auf meine Bejahung sagte er, es würden jeden Morgen Schweizer und Polen erschossen. Er glaubte fest daran. Diese Gerüchte wurden auch dadurch unterstützt, daß man nachher nicht erfuhr, was aus vielen bekannten Legionären geworden war. Ich wage nicht zu entscheiden, ob diese Gerüchte eine berechtigte Unterlage hatten.

Eine köstliche darauf sich beziehende Anekdote glaube ich doch mittheilen zu müssen. In den sog. „Rothen Häusern" rief eine taube Frau zum Fenster hinaus ihrer gegenüber wohnenden Nachbarin zu: „Fra Nochbere, hat Sie's a schun g'hört: heute Morge sinn wibber fufzehn von der polische Religion (Legion) todt g'schosse worre; unter uns g'sagt!" —

Zu den zum Tode Verurtheilten gehört auch Otto Julius Bernhard von Corvin-Wiersbitzki aus Gumbinnen in Preußen, früher Lieutenant im 36. preußischen Infanterieregiment, während des Aufstandes und der Belagerung Oberstlieutenant und Chef des Generalstabs. Er kam erst am 15. September vor das Standgericht, angeklagt des Hochverraths, der Theilnahme am Angriff, des Widerstands gegen die gesetzliche Autorität und der

Aufforderung zum Landesverrath. Nach dieser gehäuften
Anklage, seiner offenkundigen revolutionären Thätigkeit
und in Anbetracht der mehreren unbedeutenden bereits
erschossenen Individuen, mußte man annehmen, auch
Corvin werde im Festungsgraben von den Standrechts=
kugeln durchbohrt werden. Wenn Einer den Tod ver=
dient hatte, war er es. Und doch dachte ich von vorn=
herein, daß Corvin nicht erschossen würde; schon sein
Auftreten im großen Kriegsrathe, wo er die Uebergabe
befürwortete, machte den Eindruck, daß ihm Schonung
seines Lebens versprochen sei.

Er wurde zum Tode verurtheilt, aber nicht einstim=
mig, und deßhalb mußte das Urtheil dem Großherzog
zur Bestätigung vorgelegt werden; dieser hat es in
zehnjährige Zuchthausstrafe umgewandelt. Nach sechs
Jahren wurde er begnadigt und machte sich da und
dort als Literat und Zeitungskorrespondent bemerklich.
Als der englische Meerkoloß Great Eastern zum ersten
Mal seine Fahrt nach Amerika machte, war Corvin an
Bord, und hat nachher in der Allg. Ztg. sehr interessant
den Sturm beschrieben, den dieses neue Schiff auf seiner
ersten Fahrt siegreich bestand. Er war einige Zeit in
Amerika und im Jahre 1870 machte er dem Reichs=
kanzler Bismarck in Versailles seine Aufwartung. Derlei
gehen nicht so leicht unter. —

Aus seiner Standgerichtsverhandlung trage ich noch
nach, daß er in glänzender Weise sich selbst vertheidigte.
Am Schlusse seiner Rede erinnerte er mit gebrochener
Stimme und mit Thränen in den Augen die Richter an

sein armes so sehr geliebtes Weib, und forderte sie, die ein göttliches Amt verwalten, auf, auch göttliches Erbarmen zu bethätigen. Und dieser Mann schickte, wie Fickler berichtet, zur gleichen Zeit, da die Vollziehung seines Todesurtheils drohend über seinem Haupte schwebte, da seine Frau trostlos seine Gerichtsstätte umkreiste, durch einen angesehenen Bürger Briefe an eine geliebte Person, die — nicht sein Weib war. — —

Vorstehendes war schon geschrieben, als mir Corvins „Erinnerungen aus meinem Leben" (3. Aufl. in 4 Bdn.) zu Gesicht kamen. Der 3. Band handelt von Corvins Theilnahme an der Revolution, namentlich am badischen Aufstande. Er stellt sich darin als die Seele der Bewegung dar, denn außer ihm verstand eigentlich Niemand etwas Ordentliches. Ein starkes Selbstbewußtsein und auch kleinliche persönliche Eitelkeit schauen zu allen Zeilen heraus. Außer über seine persönlichen Verhältnisse habe ich in seinem Buche nicht viel Neues über die Vorgänge in Rastatt gefunden. In Vielem stimmt er mit Fickler oft wörtlich überein; wer den Anderen benützt hat, weiß ich nicht. Corvin hat allerdings schon Anfang der fünfziger Jahre aus dem Bruchsaler Zuchthause „Erinnerungen" in das Stuttgarter „Morgenblatt" geschrieben. Er beschreibt die Toilette, die er zu seinem „Auftreten" vor dem Standgericht gemacht und bedauerte, daß er nicht in Epauletten auftreten konnte. Mir scheint, daß er in seinem Buche auch für seine Seelentoilette sehr besorgt ist.

Er ist schlecht zu sprechen auf die Preußen, und

doch haben nach seiner Verurtheilung preußische Offiziere
seiner bekümmerten Gattin wiederholt gestattet, Tag und
Nacht bei ihm in seiner Kasematte, der „Todtenkase=
matte", verweilen zu dürfen. Diese Frau hat sich er=
staunlich viele Mühe um seine Begnadigung gegeben.
Corvin beschreibt die Stunden, welche er als die letzten
seines Lebens betrachtete, da er glaubte, erschossen zu
werden. Auch in diesen kritischen Stunden war er auf
seine Toilette bedacht; er kleidete sich frisch an, und
steckte ein rothes Foulard zu sich, mit dem er sich die
Augen verbinden wollte Es sollte, von Schüssen durch=
löchert, ein Andenken für seine Frau werden. Das
„abgeschmackte Gelüste", sich zu irgend einer Reli=
gion zu bekehren, habe er nicht gefühlt, weil das die
Sache schwacher Geister sei. Daran habe er gedacht,
welcher der verschiedenen Philosophen mit seinen Ansich=
ten über den Zustand nach dem Tode wohl Recht habe.

So schreibt wenigstens Herr von Corvin=Wiers=
bißki. Mit dem Glauben daran kann es Jeder halten
wie er will. Daß er nach einem Geistlichen kein Ver=
langen hatte, ist selbstverständlich; doch kann er es sich
nicht versagen, die hämische Bemerkung zu machen, er
habe Nichts von dem „stolzen Nebukadnezar" hören wol=
len. Der protestantische Stadtpfarrer hatte nämlich ein=
mal in einer Grabrede den „stolzen Nebukadnezar"
behandelt.

Sein sechsjähriges Zuchthausleben in Bruchsal schil=
dert er sehr interessant. Das Aergste war ihm die
zwilchene Züchtlingsuniform, die er Anfangs tragen

mußte. Der Zuchthausdirektor suchte ihn mit derselben durch die Bemerkung zu versöhnen, er habe ja für die Gleichheit Aller gekämpft, und hier im Zuchthause seien nun Alle gleich. Anfangs mußte er Wolle. spinnen, dann Papparbeiten und Litzenschuhe machen. Bald aber bekam er viele sehr weit gehende Vergünstigungen. Einen Strauß, den er mit dem jungen evangelischen Zucht= hausgeistlichen Hansen hatte, beschreibt er mit breitem Behagen. Er, der „Demokrat", der sich aber auf sein Geschlechtsregister und seine aristokratische Abstammung außerordentlich viel zu gut thut, nennt diesen eifrigen Geistlichen wiederholt einen „Bauernjungen". Corbin dachte offenbar: „Das Volk, das sind wir", und so war er ein Kämpfer für Volksrechte. — Nach seiner Entlassung aus dem Zuchthause hatte er Mühe, sich eine Existenz zu gründen. Er ging nach England und dann als Kriegskorrespondent der Allg. Ztg. nach Amerika. Ein interessantes vielbewegtes Leben hat er immerhin gehabt. Seine 9 Mark kostende Erinnerungen enthalten übrigens auch viele Plaudereien.

Am 3. Sept. war Christian Friedrich **Scholderer** von Lahr vor dem Standgericht, früher Fourier, und während der Belagerung Lieutenant bei der Festungsartillerie. Ich wohnte als Entlastungszeuge dieser Verhandlung bei. Wie schon früher erwähnt, konnte ich ihm bezeu= gen, daß seine Kanoniere auf eigene Rechnung geschossen, daß ich oft bei ihm gewesen, während von seiner Bastion ohne sein Zuthun gefeuert wurde. Der Hauptentlastungs= zeuge war jedoch für ihn der Dragoner=Rittmeister von

Glaubitz, eine hohe, starke, ritterliche Gestalt. Er
bezeugte, daß er und seine Kameraden, die als Gefan=
gene nach Rastatt geführt wurden, dem Angeklagten ihr
Leben zu verdanken hätten, ohne dessen Dazwischentreten
sie von den meuterischen Soldaten nicht einfach ermor=
det, sondern massakrirt worden wären. Als nachher der
Staatsanwalt (ich meine es war ein Herr Bachelin)
dieses günstige Zeugniß zu entkräften suchte, indem er
bemerkte, was Scholderer da gethan, sei nicht hoch an=
zuschlagen, weil er nur seine Schuldigkeit gethan habe,
da verließ meinen Nachbarn, den Rittmeister v. Glau=
bitz, die Geduld. Unbekümmert um parlamentarischen
Gerichtsgebrauch rasselte er, den Helm in der Faust,
seiner ganzen Länge nach in die Höhe und unterbrach
den öffentlichen Ankläger mit den Worten: „Das muß
ich mir doch verbitten, daß das Leben von treuen Offi=
zieren hier so gering tarirt wird. Ist das in den Augen
des Großh. Staatsanwalts kein Verdienst, einigen Großh.
Offizieren das Leben gerettet zu haben?" —

Scholderer wurde nicht, wie der Staatsanwalt be=
antragt hatte, zum Tode, sondern zu 10 Jahren Zucht=
haus verurtheilt. Nach Verkündigung dieses Urtheils
klopfte mir von Glaubitz auf die Schulter mit den
Worten: „Ihr Freund kommt nicht ins Zuchthaus, ver=
lassen Sie sich darauf, ich gehe heute noch zum Groß=
herzog."

Am Abend war ich in der „blauen Katz" bei einem
Glas Bier. Am benachbarten Tisch unterhielten sich
zwei preußische Soldaten über die heutige Standgerichts=

Verhandlung, welcher der Eine, der mir den Rücken kehrte, als Wache angewohnt hatte. Dieser rühmte das stramme Auftreten des „herzoglichen" Rittmeisters und erwähnte auch als weiteren Zeugen einen jungen „Frei= schärler" mit langen Haaren, der ein ganz freches Maul gehabt habe. Das war auf meine Wenigkeit gespitzt. Wenn mich diese preußische Füsilirsäußerung auch nicht ärgerte, fand ich es doch für klug, dem Dunstkreise dieses Menschenkenners mich zu entziehen, da es ihm, wenn er mich gesehen hätte, ein Leichtes gewesen wäre, mich auf die Hauptwache und in die Kasematten zu bringen. —

Scholderer wurde zu 5 Jahren Festung begnadigt, die er in Kißlau zu verbüßen hatte. Ich habe ihn dort einmal besucht und ist mir diese „Festung" ganz gemüth= lich vorgekommen. Dieselbe war bewacht von den badi= schen „Invaliden", d. h. alten Soldaten, die dort ihr Gnadenbrod hatten. Ihre Uniform hatte orangegelbe Aufschläge. Kommandant dieser Festung war Oberst Sartori, ein gutmüthiger alter Brummler. Als ich mich meldete, machte er allerlei Schwierigkeiten, aber ich durfte doch mit Scholderer mehrere Stunden im Hofe verkehren. Als wir in diesem Festungshofe auf und ab wandelten, sagte einmal Scholderer zu der am offenen Thore stehen= den Wache: „Xaveri, gebet Acht, oder ich geh durch", worauf dieser drohte, er würde schießen. Als Scholderer ihm bemerkte, er habe ja keine Zähne mehr und könne keine Patrone mehr abbeißen, und im Nothfalle gebe er ihm eine Ohrfeige, daß er an die Wand fahre, lachte

der „Xaveri" herzlich mit dem Bemerken, der Scholberer
sei nicht so bös, wie er thue. —

Scholberer war nicht einmal ein Jahr in Kißlau;
am Jahrestag der Befreiung der Offiziere wurde er vom
Großherzog Leopold begnadigt. (Im Jahre 1865 kam
ich wegen Scholberer mit der Lahrer Zeitung [damals
„Wochenblatt"] in Konflikt, der mich zur Klage ver=
anlaßte. Die Einzelheiten gehören nicht hierher, weil
ich jetzt nicht „Lahrer Erinnerungen" schreibe. Nur das
will ich erwähnen, daß der Redaktör des genannten
Blattes zu 10 Wochen Gefängniß vom Kreisgericht Of=
fenburg verurtheilt wurde, obwohl mein Anwalt nur
6 Wochen beantragt hatte, und daß überdies der Ver=
leger des Blattes mir 100 Gulden bezahlen mußte,
welche ich meinem Kirchenfond einverleibte. Tempi pas-
sati!)

Ich werde am Schlusse ein Verzeichniß sämmtlicher
standgerichtlicher Urtheile, welche 1849 in Mannheim,
Rastatt und Freiburg gefällt wurden, mittheilen, im
Ganzen 94, darunter 27 vollzogene Todesurtheile. Zwei
weitere Todesurtheile wurden in Zuchthaus umgewandelt.
Ich bin erst vor Kurzem in Besitz dieses Verzeichnisses
gekommen und glaube, durch dessen weitere Verbreitung
Vielen einen Dienst zu erweisen.

Es ist kein Zweifel, daß Viele, die an der dama=
ligen Bewegung sich betheiligten, nichts Anderes wollten,
als die Einheit und Größe des deutschen Vaterlandes;
als Hinderniß der Verwirklichung ihres Ideals betrach=
teten sie die Fürsten und deßhalb war die Einführung

der Republik die Parole. Das hätte sich aber Keiner geträumt, daß sein Ideal so verwirklicht werden
sollte, wie es nun geschehen ist. Wenn man damals
gesagt hätte, der Prinz von Preußen, der den badischen
Aufstand niederschlug, der als die verkörperte Reaktion
galt, der allgemein mit einem Namen bezeichnet wurde,
den ich jetzt nicht anführen mag, werde einst deutscher
Kaiser sein — man wäre als reif für eine Irrenanstalt
erklärt worden. Es scheint nicht, daß sämmtliche Idea-
listen jener Zeit jetzt befriedigt sind. Allerdings sind
manche damalige Republikaner, die nach Fürstenblut
lechzten, jetzt sehr zahme Ritter verschiedener Orden geworden, aber auch das ist nicht unbekannt, daß Manche
ihr volles Jugendideal noch nicht aufgegeben haben;
sie haben gejubelt, als einige deutsche Fürsten depossedirt
wurden, sie streben jetzt nach dem strammen Einheits-
staat, weil sie hoffen, mit Einem werde man leichter
fertig werden. —

Das Großherzogthum Baden war auch damals die
Versuchsstation und es hat damals schon der deutschen
Einheit die meisten Opfer gebracht. Ein ruinirtes Staats-
wesen und viele vernichtete Existenzen waren die Folgen
von 1849. Rastatt hat am meisten gelitten. Es war
noch mehrere Jahre ein trübes Landesgefängniß, da nicht
nur Zivilisten, sondern auch zahlreiche Militärs dort
ihre Vergehen zu büßen hatten. Im August 1853 feierte
ich in meiner Geburtsstadt Rastatt mein erstes hl. Meß-
opfer. Am folgenden Sonntage hielt ich für einen er-
krankten Kaplan den Gottesdienst bei der Strafkom-

pagnie. Meine erste Predigt habe ich in einer großen
zur Kapelle hergerichteten Kasematte des Forts A ge=
halten. Es war eine Art Katakomben=Gottesdienst. In
mancher trüben Stimmung im Laufe der Jahre ist mir
eingefallen, daß ich bei der **Strafkompagnie** meine
seelsorgerliche Thätigkeit begonnen habe. Aber der An=
fang war doch schön. Ich hatte wohl nie eine aufmerk=
samere Zuhörerschaft, als in jener Kasematte. Von
innigstem Mitleid erfüllt mit jenen Unglücklichen, pre=
digte ich, selbst tief bewegt, von der Unsterblichkeit der
Seele und dem ewigen Leben. Es waren da in dieser
Strafkompagnie allerlei Elemente zusammengewürfelt, die
Mehrzahl wohl intelligentere Leute, wie ich aus den
Gesichtern und nachher aus dem Gesang merkte, mit
welchem sie den Gottesdienst begleiteten. Das Lied, das
sie nach der hl. Wandlung sangen, und das allerdings
liturgisch nicht am Platze war, ist mir in unauslösch=
licher Erinnerung. „Ich steh' allein auf weiter Flur,
nur eine Morgenglocke nur", sang eine kräftige Baß=
stimme. „Du armer Mensch", dachte ich, „du wärest
froh, wenn du allein auf weiter Flur ständest, so aber
bist du eingeschlossen in festem Gewölbe." —

Die Geschichte soll die Lehrmeisterin des Lebens sein;
vielleicht können auch aus diesen leicht hingeworfenen
geschichtlichen Erinnerungen von Einsichtigen heilsame
Lehren gezogen werden, ohne daß ich nothwendig habe,
hiebei den Schulmeister zu machen.

Verzeichniß

der

bei den Standgerichten in Baden im Jahre 1849 gefällten und vollzogenen Strafurtheile.

A. In Mannheim:

1. Steck, Arnold, aus Neuenburg, gebürtig von Lissa in Posen, wegen Hochverrath am 7. August zu 10 Jahren Zuchthaus verurtheilt.

2. v. Trützschler, Wilh. Adolf, aus Gotha, vormals k. sächsischer Appellationsgerichts=Assessor in Dresden, wegen Hochverrath am 13. August zum Tode durch Erschießen verurtheilt. Vollzogen am 14. August in der Frühe.

3. Höfer, Karl, von Brehmen, Amt Gerlachsheim, Volksschullehrer zu Altneudorf, wegen Hochverrath

am 16. August zum Tode verurtheilt. Sogleich
vollzogen.

4. Rohr, Friedrich, aus Stuttgart, wegen Hochver=
rath am 24. August zu 10 Jahren Zuchthaus
verurtheilt.

5. Nowitsch (Novits), Johann, aus St. Ivan in
Ungarn, wegen Hochverrath am 24. August zu 10
Jahren Zuchthaus verurtheilt.

6. Mohrauer, Georg, Goldarbeiter aus Hanau,
wegen Hochverrath am 24. August zu 10 Jahren
Zuchthaus verurtheilt.

7. Lacher, Peter, von Bruchsal, Soldat im 2. bad.
Lin.=Inf.=Regiment, wegen Meuterei, Treulosigkeit
und Hochverrath am 27. August zum Tode ver=
urtheilt. Vollzogen am 28. August Nachmittags.

8. Metzger, Jos., aus Freiburg, Soldat im 2. Inf.=
Regiment, wegen Meuterei, Treulosigkeit und Hoch=
verrath am 27. August zu 10 Jahren Zuchthaus
verurtheilt.

9. Mayer, Johann, Schneider aus Nürnberg, wegen
Hochverrath am 1. September zu 10 Jahren Zucht=
haus verurtheilt.

10. Schmierer, Jakob, Hausknecht von Erdmanns=
hausen, k. württ. Oberamts Marbach, wegen Hoch=
verrath am 1. September zu 10 Jahren Zuchthaus
verurtheilt.

11. Thalheimer, Joh., aus Leim, im Königreich Bayern, wegen Hochverrath und Widerstand gegen die bewaffnete Macht am 1. September zu 10 Jahren Zuchthaus verurtheilt.

12. Ahrens, Karl, Naturforscher aus Augsburg, wegen Hochverrath und Widerstand gegen die bewaffnete Macht am 1. September zu 10 Jahren Zuchthaus verurtheilt.

13. Kupferberg, Studirender der Medizin aus Mainz, wegen Hochverrath am 1. September zu 10 Jahren Zuchthaus verurtheilt.

14. Niebergall, Heinrich, Kaufmann in Neckargerach, wegen Hochverrath und Aufforderung zum Waffengebrauch am 11. September zu 10 Jahren Zuchthaus verurtheilt.

15. Kaucher, Franz, praktischer Arzt in Schwetzingen, geboren zu Heidelberg, wegen Hochverrath am 13. September zu 10 Jahren Zuchthaus verurtheilt.

16. Dietz, Heinr., Klempner (Blechschmied) aus Schneeberg, Königreich Sachsen, wegen Theilnahme am Hochverrath und Ausführung gewaltthätiger Unternehmungen am 19. September zum Tode verurtheilt. Vollzogen am 20. September.

17. Rumbach, Ludwig, Theater-Billeteur und Kommissionär von Mannheim, wegen Hochverrath und Versuch eines gewaltsamen Unternehmens am 6. Oktober zu 10 Jahren Zuchthaus verurtheilt.

18. Streuber, Valentin, Bürger und Mehlwaag=
meister in Mannheim, wegen Hochverrath am
9. Oktober zum Tode verurtheilt. Vollzogen am
11. Oktober.

19. Zöller, Karl, von Mannheim, Soldat im 2.
Linien=Infant.=Regiment, wegen Treulosigkeit, Hoch=
verrath und Widerstand gegen die bewaffnete Macht
am 10. Oktober zu 10 Jahren Zuchthaus ver=
urtheilt.

20. Mögling, Theodor, von Brackenheim, früher Leh=
rer an der landwirthschaftlichen Schule zu Hohen=
heim, wegen Hochverrath und Widerstand gegen die
bewaffnete Macht am 19. Oktober zum Tode ver=
urtheilt, aber zu 10 Jahren Zuchthaus begnadigt.

21. Grimmer, Franz Anton, kath. Pfarrer zu Unter=
schüpf, geb. zu Tauberbischofsheim, wegen Hochver=
rath und Aufforderung dazu am 24. Oktober zu
10 Jahren Zuchthaus verurtheilt.

B. In Rastatt:

1. Elsenhans, Ernst, Literat von Feuerbach, königl.
württ. Oberamts Stuttgart, wegen Hochverrath am
6. August zum Tode durch Erschießen verurtheilt.
Vollzogen am 7. August in der Frühe.

2. v. Biedenfeld, Ernst, pens. großh. bab. Major,
zuletzt wohnhaft in Bühl, wegen Hoch= und Landes=

verrath am 6. August zum Tode verurtheilt. Voll=
zogen am 9. August.

3. Tiedemann, Gustav Nikol., gebürtig von Lands=
hut, ehemals gr. bad. Lieutenant, wegen Hochverrath
am 10. August zum Tode verurtheilt. Vollzogen
am 11. August.

4. Heilig, Konrad, von Pfullendorf, gr. Artillerie=
wachtmeister, wegen Treubruch und Hochverrath
am 11. August zum Tode verurtheilt. Vollzogen
am nämlichen Tage.

5. Mahler, Franz, von Baden, gr. bad. Lieutenant,
wegen Treubruch und Hochverrath am 13. August
zu 10 Jahren Zuchthaus verurtheilt.

6. Bönning, Georg, von Wiesbaden, früher nassau=
scher Offizier, wegen Hochverrath am 16. August
zum Tode verurtheilt. Vollzogen am 17. August.

7. Backof, Franz, von Wäschbach, Oberamts Durlach,
gr. Artilleriewachtmeister, wegen Hoch= und Landes=
verrath, Treubruch am 20. August zu 10 Jahren
Zuchthaus verurtheilt.

8. Lenzinger, Konrad, von Durlach, gr. Korporal,
wegen Hoch= und Landesverrath, Treubruch am
24. August zum Tode verurtheilt. Vollzogen
am 25. August.

9. Zenthöfer, Phil., Büchsenmacher von Mannheim,

Kanonier, wegen Hochverrath am 24. August zum Tode verurtheilt. Vollzogen am 25. August.

10. Mniewsky, Theophile, aus Wodzieraby in Russisch-Polen, wegen Hochverrath am 25. August zum Tode verurtheilt. Vollzogen am 25. August.

11. Bernigau, aus Köln, ehemals Lieutenant, wegen Hochverrath am 25. August zum Tode verurtheilt. Vollzogen am 20. Oktober.

12. Jansen aus Köln, wegen Hochverrath am 25. August zum Tode verurtheilt. Vollzogen am 20. Oktober.

13. Jakobi, Karl, Schreiner von Mannheim, wegen Hochverrath am 3. September zum Tode durch Erschießen verurtheilt, am nämlichen Tage, Abends 7 Uhr, vollzogen.

14. Scholderer, Christian, von Lahr, Artillerie-Unteroffizier, wegen Hochverrath zu 10 Jahren Zuchthaus verurtheilt. Vom gr. Kriegsministerium zu 5 Jahren Festungshaft begnabigt.

15. Schade, Ludwig Peter, Soldat vom gr. bad. 2. Infanterie-Regiment in Freiburg, wegen Treubruch und Hochverrath am 11. September zum Tode verurtheilt.

16. Blind, Val., Artillerielieutenant, gew. Kriegsschüler von Mannheim, wegen Hoch- und Landes-

verrath, Widerstand gegen die bewaffnete Macht am 12. September zu 10 Jahren Zuchthaus ver= urtheilt.

17. Kuniß, Karabinier aus Pforzheim, gewesener gr. bad. Dragoner, wegen Treubruch und Hoch= verrath am 14. September zum Tode verurtheilt und vollzogen.

18. Schützenbach, gr. bad. Kanonier, wegen Treu= bruch und Hochverrath am 14. September zu 10 Jahren Zuchthaus verurtheilt.

19. v. Corvin=Wiersbißki, Otto Julius Bernhard, von Gumbinnen in Preußen; früher Lieutenant im königlich preußischen 36. Infanterie=Regiment, we= gen Hochverrath, Theilnahme am Angriff und Widerstand gegen die gesetzliche Autorität, Auf= forderung zum Landesverrath am 15. September zum Tode verurtheilt, aber zu 10 Jahren Zucht= haus begnadigt.

20. Kerber, von Konstanz, Soldat im 3. bad. In= fanterie=Regiment, wegen Treubruch und Hochver= rath am 22. September zu 10 Jahren Zuchthaus verurtheilt.

21. Hirschfeld, Freischärler, wegen Hochverrath zu 10 Jahren Zuchthaus verurtheilt.

22. Günthard, von Konstanz, Soldat im gr. bad. 3. Infanterie=Regiment, wegen Treubruch und Hoch= verrath, Anstiftung zur Meuterei in Rastatt zum

Tode durch Erschießen verurtheilt. Vollzogen am 22. September.

23. Jäger, von Aglasterhausen, Soldat im gr. bad. 3. Infanterie-Regiment, wegen Treubruch und Hochverrath, Anstiftung zur Meuterei in Rastatt zum Tode durch Erschießen verurtheilt. Vollzogen am 22. September.

24. Schanz, Johann, von Hoffenheim, Soldat im vormaligen 1. Dragoner-Regiment, wegen Anstiftung zur Meuterei, Hoch- und Landesverrath am 26. September zu 10 Jahren Zuchthaus verurtheilt.

25. Blumenschein, Friedrich, von Heidelberg, Solbat bei der 7. Kompagnie des vormal. gr. bad. Leib-Infanterie-Regiments, wegen Theilnahme an der Meuterei und am hochverrätherischen Aufruhr am 29. September zu 10 Jahren Zuchthaus verurtheilt.

26. Risch, Johann Baptist, von Huchstetten, ebenfalls Soldat im Leib-Infanterie-Regiment, wegen Theilnahme an der Meuterei und am hochverrätherischen Aufruhr am 29. September zu 10 Jahren Zuchthaus verurtheilt.

27. Hetterich, Blumenwirth von Bruchsal, wegen Hochverrath zu 10 Jahren Zuchthaus verurtheilt.

28. Kommlossi, Metzgermeister von Rastatt, wegen Hochverrath zu 10 Jahren Zuchthaus verurtheilt.

29. **Bauer**, Gottfrieb, von Giessigheim, Pionier, wegen Anstiftung zur Meuterei und Betheiligung am bewaffneten Widerstand gegen die gesetzliche Macht am 4. Oktober zum Tode verurtheilt. Sofort vollzogen.

30. **Kilmarr**, von Rastatt, Solbat im gr. bad. 2. Infanterie=Regiment, wegen Anstiftung zur Meuterei, Hoch= und Landesverrath zum Tode durch Erschießen verurtheilt. Vollzogen am 8. Oktober.

31. **Kohlbecker**, von Karlsruhe, Solbat im gr. bad. 2. Infanterie=Regiment, wegen Anstiftung zur Meuterei, Hoch= und Landesverrath zum Tode durch Erschießen verurtheilt. Vollzogen am 8. Oktober.

32. **Kuhnert**, von Triberg, Solbat im gr. bad. 2. Infanterie=Regiment, wegen Treubruch und Hochverrath zu 10 Jahren Zuchthaus verurtheilt.

33. **Kopf**, von Dundenheim, Solbat im gr. bad. 2. Infanterie=Regiment, wegen Treubruch und Hochverrath zu 10 Jahren Zuchthaus verurtheilt.

34. **Schilling**, von Leipferdingen, Solbat im gr. bad. 2. Infanterie=Regiment, wegen Treubruch und Hochverrath zu 10 Jahren Zuchthaus verurtheilt.

35. **Schneider**, Solbat im gr. bad. 2. Infanterie=Regiment, wegen Treubruch und Hochverrath zu 10 Jahren Zuchthaus verurtheilt.

36. **Strobel**, Solbat im gr. bad. 2. Infanterie=

Regiment, wegen Treubruch und Hochverrath zu 10 Jahren Zuchthaus verurtheilt.

37. Heinzius, aus Frankfurt a. d. O., vormals Major, wegen Hochverrath am 9. Oktober zu 10 Jahren Zuchthaus verurtheilt.

38. Ploch, von Dielheim, wegen Hochverrath am 9. Oktober zu 10 Jahren Zuchthaus verurtheilt.

39. Neckermann, Gustav, von Unterschüpf, vormals Fourier im gr. bad. 1. Infanterie-Regiment, wegen Betheiligung am Widerstande gegen die gesetzliche Autorität am 3. Oktober zu 10 Jahren Zuchthaus verurtheilt.

40. Schlageter, Dragoner, wegen Hochverrath am 10. Oktober zu 10 Jahren Zuchthaus verurtheilt.

41. Kunz, Strumpfwirker von Rastatt, wegen Hoch=verrath am 11. Oktober zu 10 Jahren Zuchthaus verurtheilt.

42. Illig, Kanonier, wegen Treubruch und Hochver=rath am 12. Oktober zu 10 Jahren Zuchthaus ver=urtheilt.

43. Gerhard, von Rintheim, Soldat, wegen Hoch=verrath und Betheiligung am Widerstande gegen die gesetzliche Autorität zum Tode verurtheilt.

44. Reiter, Philipp, gebürtig von Wertheim, vormal. Kameral=Assistent, wegen Theilnahme am hochver=

rätherischen Aufruhr am 16. Oktober zu 10 Jahren Zuchthaus verurtheilt.

45. Schraber, königl. preußischer Soldat, wegen Hoch= verrath zum Tode durch Erschießen verurtheilt. Voll= zogen am 20. Oktober.

46. Büchle, Franz Anton, von Unteröwisheim, Kor= poral im vormaligen 1. Dragoner=Regiment, wegen Theilnahme am hochverrätherischen Aufruhr, An= stiftung und Theilnahme an der Meuterei am 26. Oktober zu 10 Jahren Zuchthaus verurtheilt.

47. Krenkel, Kasimir, von Renchen, Karabinier im gr. bad. 1. Dragoner=Regiment, wegen Theilnahme am hochverrätherischen Aufruhr, Anstiftung und Theilnahme an der Meuterei am 26. Oktober zu 10 Jahren Zuchthaus verurtheilt.

C. In Freiburg:

1. Dortü, Johann Ludwig Maximilian, aus Pots= bam, vormals königl. preuß. Auskultator und Un= teroffizier im 24. Landwehrregiment, wegen Hoch= verrath am 30. Juli zum Tode verurtheilt. Voll= zogen den 31. Juli in der Frühe.

2. Neff, Friedrich, von Rümmingen bei Lörrach, wegen Anstiftung und Theilnahme an dem Aufruhr

am 8. August zum Tode durch Erschießen verur=
theilt. Vollzogen am 9. August in der Frühe.

3. Müller, Jakob, Schuhmacher aus Stromberg,
in Preußen, wegen Beförderung der Unternehmun=
gen der Aufrührer gegen die preußischen Truppen
zu 10jähriger, im Zuchthaus zu erstehender Festungs=
strafe und Verlust der preußischen National=Kokarde
verurtheilt.

4. Reetz, Karl, Eisengießer, von der Sainer Hütte
bei Engers, in Preußen, wegen Beförderung der
Unternehmungen der Aufrührer gegen die preußi=
schen Truppen zu 10jähriger, im Zuchthaus zu
erstehender Festungsstrafe und Verlust der preußi=
schen National=Kokarde verurtheilt.

5. Heil, Johann, aus Simmern in Preußen, wegen
Beförderung der Unternehmungen der Aufrührer
gegen die preußischen Truppen zu 10jähriger, im
Zuchthaus zu erstehender Festungsstrafe und Verlust
der preußischen National=Kokarde verurtheilt.

6. Kromer, Gebhard, von Bombach, Soldat im gr.
bad. 2. Infanterie=Regiment, wegen Treubruch, An=
stiftung und Theilnahme am Aufruhr am 20. Au=
gust zum Tode durch Erschießen verurtheilt. Voll=
zogen am 21. August.

7. v. Rango, Ludwig, aus Berlin, vorm. königl.
preuß. Oberstlieutenant, wegen Theilnahme am Hoch=

verrath am 23. August zu 10 Jahren Zuchthaus verurtheilt.

8. Baaber, Bernhard, Hutmacher von Freiburg, wegen Theilnahme am Hochverrath am 25. August zu 10 Jahren Zuchthaus verurtheilt.

9. Kohler, Andreas Philipp, von Weil, im Königreich Württemberg, wegen Theilnahme am Hochverrath am 1. September zu 10 Jahren Zuchthaus verurtheilt.

10. Halter, Christoph, von Lenzburg, Kanton Aargau, wegen Theilnahme am Hochverrath am 1. September zu 10 Jahren Zuchthaus verurtheilt.

11. Herr, Konrad, Schuster aus Bamberg, wegen Theilnahme am Hochverrath am 4. September zu 10 Jahren Zuchthaus verurtheilt.

12. Beerwalt, Franz, Seidenzeugmacher aus Wien, wegen Theilnahme am Hochverrath am 4. September zu 10 Jahren Zuchthaus verurtheilt.

13. Reinberger, Augustin, Schuster von Badenweiler, wegen Theilnahme am Hochverrath am 4. September zu 10 Jahren Zuchthaus verurtheilt.

14. Nunnenmacher, Martin, Seifensieder von Staufen, wegen Theilnahme am Hochverrath am 7. September zu 10 Jahren Zuchthaus verurtheilt.

15. Frank, Franz, Taglöhner von Friedrichsdorf, wegen Theilnahme am Hochverrath am 7. September zu 10 Jahren Zuchthaus verurtheilt.

16. Jörger, Ignaz, von Altbreisach, Hauptlehrer in Sölden, wegen Theilnahme am Hochverrath am 19. September zu 10 Jahren Zuchthaus verurtheilt.

17. Jahnle, Johann Peter, Buchdruckerlehrling aus Schwäbisch-Hall, wegen Theilnahme am Hochverrath durch Urtheil vom 28. September zu 10 Jahren Zuchthaus verurtheilt, aber vom Kriegsministerium auf 5 Jahre Arbeitshaus gemindert.

18. Saul, Apotheker, von Thiengen, wegen Hochverrath am 12. Oktober zu 10 Jahren Zuchthaus verurtheilt.

19. Rauch, Damas, von Grafenhausen, wegen Hochverrath am 22. Oktober zu 10 Jahren Zuchthaus verurtheilt.

20. Julius Ritter v. Braun, katholischer Pfarrer zu Ewattingen, Amt Bonndorf, wegen Hochverrath am 26. Oktober zu 10 Jahren Zuchthaus verurtheilt.

21. Wenger, Max, Studirender von Hardheim, wegen Hochverrath zu 10 Jahren Zuchthaus verurtheilt.

22. Hehl, Friedrich, Kanonier, wegen Hochverrath zu 10 Jahren Zuchthaus verurtheilt.

23. Kunitzki, Johann, Preuße, Schneider aus Möve, Regierungsbezirk Marienwerder, wegen Hochverrath zu 5 Jahren Zuchthaus verurtheilt.

24. Auhl, Franz, Metzgergeselle aus Düsseldorf, wegen Hochverrath zu 6 Jahren Zuchthaus verurtheilt.

25. Wilhelm, Heinrich, aus Hunter, Regierungsbezirk Erfurt, wegen Hochverrath zu 6 Jahren Zuchthaus verurtheilt.

26. Kinkel, Gottfried, Professor in Bonn, wegen Hochverrath zu lebenslänglicher Haft in einer Festung verurtheilt. Das kriegsgerichtliche Urtheil zum Vollzuge in einer Zivilanstalt bestätigt.

Summe 94.